Petite encyclopédie
étonnante et singulière
de la Terre

Malo Richeux

Petite encyclopédie
étonnante et singulière
de la Terre

Albin Michel

Aux éditions Albin Michel

*Dans la même collection
« Le magasin des curiosités »* :

Petite encyclopédie hétéroclite et insolite du corps
Malo Richeux

Petite anthologie des mots rares et charmants
Daniel Lacotte

**Sauter du coq à l'âne
Anthologie des expressions animalières**
Georges-François Rey

**Petites histoires curieuses et insolites
de la vie quotidienne à travers les siècles**
Gavin's Clemente-Ruiz

Tous droits réservés.
© Éditions Albin Michel, 2009.

Scribitur ad narrandum, non ad probandum.
(On écrit pour raconter, non pour prouver.)

« Je lisais. Que lisais-je ? oh ! le vieux livre austère,
Le poème éternel ! – La Bible ? – Non, la terre. »
Victor Hugo

« Le monde est fait pour aboutir à un beau livre. »
Stéphane Mallarmé

Sommaire

Raconter la Terre 9

Les débuts 11
Autour de la Terre 23
Amers et azimuts 41
Terre littéraire 103
Terre vivante 121
Terre des hommes 155
La fin 191

Index 195

Raconter la Terre. Raconter la Terre en n'étant ni un immense atlas ou une épaisse encyclopédie, ni un manuel scolaire de géographie, ni des éphémérides ou un article d'astronomie appliquée à la géopolitique.
Être un livre savant sans être un livre de savant, être un livre divertissant sans être un livre de divertissement. Voilà le but. Avec cette chronique terrienne, en quelques mots, quelques phrases ou quelques chiffres, vous saurez tout sur notre bonne vieille Terre, l'essentiel, l'insolite, l'anecdotique et aussi le grave, l'inoubliable ou l'inutile.
Au hasard des pages, vous trouverez associés la cosmogonie du peuple dogon et la composition de l'atmosphère primitive de la Terre, la belle théorie de Gaïa et les différentes couches sous-marines océaniques, le pourquoi du choix du méridien de Greenwich et la liste des plus hauts sommets du monde, la Terre vue par Diderot et d'Alembert et les vingt-cinq façons de dire « neige » dans la langue inuit, la liste rouge des espèces menacées et l'indice planète vivante du WWF, le protocole de Kyoto et la liste des pays disparus, la date de la première ascension de l'Everest et la capitale de l'Afghanistan.
Au total, ce sont quelque deux cent cinquante articles concoctés avec amour, persévérance et opiniâtreté, pour vos yeux ébahis et curieux ; une invitation pernicieuse à rêver, à réfléchir et à méditer. À méditer sur ce que nous sommes et sur quoi nous sommes ; à la fois bien peu de chose,

mais aussi de bien belles choses, qu'il semble bien dommage de mutiler ainsi que le fait l'humanité. Peut-être est-il maintenant temps d'arrêter de penser la Terre juste comme un vaste gâteau, objet martyr de tous les profits. Finalement, c'est un livre unique par son approche et sa multitude, indispensable à tous les amoureux de la Terre et de la vie.

Alors préparez-vous et partez à l'aventure pour un grand et fabuleux voyage autour de la Terre et au plus profond de ses terribles entrailles, *hic et ubique terrarum**.

* Ici et partout sur la Terre (devise de l'Université de Paris).

Les débuts

*« Je ne sais en quel temps c'était,
je confonds toujours l'enfance et l'Éden. »*
Léopold Sédar Senghor

« Rudis indigestaque moles. »*
*Masse confuse et informe.

Les débuts

Au commencement, une grande nébuleuse...

Il y a environ 4,5 milliards d'années, une grande nébuleuse de gaz et de poussières tournait autour du Soleil. Sous l'action de la force de gravité et des collisions des poussières entre elles, celles-ci se sont progressivement agglomérées pour former des corps de plus en plus gros, jusqu'à arriver à la taille de protoplanètes, qui formeront les huit planètes du système solaire.

À ce stade, la Terre est chauffée par plusieurs facteurs, la contraction gravitationnelle, la désintégration des éléments radioactifs qui la constituent et les nombreux chocs des astéroïdes qui la percutent.

Elle commence donc à fondre, permettant ainsi le déplacement de ses éléments les plus lourds, fer et nickel, vers son centre sous l'effet de la gravité, en créant son futur noyau métallique. Les éléments plus légers, oxygène, silice, formeront le manteau terrestre.

Les 3 grands mystères des origines

Apparition de la vie
Apparition de la chlorophylle dans la cellule
Apparition du noyau dans la cellule.

Genèse

« Au commencement, Dieu créa les cieux et la terre. La terre était informe et vide ; il y avait des ténèbres à la surface de l'abîme, et l'esprit de Dieu se mouvait au-dessus des eaux.

Le premier jour, Dieu créa la lumière. Il y eut donc un jour et une nuit.
Le deuxième jour, il créa le ciel et la mer.
Le troisième jour, il créa la Terre et la vie avec les végétaux.
Le quatrième jour, il créa le Soleil, la Lune et les étoiles, pour compter le temps.
Le cinquième jour, il créa les oiseaux et les poissons.
Le sixième jour, il créa les animaux terrestres et l'homme à son image.

Ainsi furent achevés les cieux et la terre, et toute leur armée. Dieu acheva au septième jour son œuvre, qu'il avait faite ; et il se reposa au septième jour de toute son œuvre, qu'il avait faite. »

Atmosphère primitive de la Terre

Ammoniac, hydrogène, méthane, vapeur d'eau.

Les débuts

Premiers pas

15 milliards d'années	Big Bang, naissance de l'univers
4,56 milliards d'années	naissance de la Terre et du système solaire
4 milliards d'années	apparition de la vie
1,5 milliard d'années	premières cellules à noyau
590 millions d'années	début de l'ère primaire
500 millions d'années	premiers vertébrés
450 millions d'années	apparition de la vie sur la terre ferme
245 millions d'années	début de l'ère secondaire, apparition des dinosaures
65 millions d'années	début de l'ère tertiaire, fin des dinosaures
3 millions d'années	début de l'ère quaternaire
200 000 ans	premiers *Homo sapiens*

Mythologie grecque

Au commencement rien n'existait, que la nuit, le chaos et la mort. De ce funeste mélange naquit l'amour, qui créa la lumière et le jour.

Alors la terre (Gaïa) apparut, mère universelle. Elle enfanta le ciel (Ouranos).

Ils furent à eux deux les premiers parents.

Leurs enfants furent les trois Hécatonchires (monstres à cent mains et cinquante têtes), les trois Cyclopes et les Titans, dont Cronos, père de Zeus, Océan, le fleuve qui entoure le monde, Hypérion, père du soleil, de la lune et de l'aurore, Japet, père d'Atlas qui porte le monde sur ses épaules et père de Prométhée, le sauveur du genre humain.

Ouranos n'était malheureusement pas un très bon père. Il n'aimait pas ses trois premiers enfants, les Hécatonchires, qu'il séquestra dans les entrailles de la terre, appelées le Tartare.

Sa femme Gaïa, furieuse de ce traitement, demanda leur aide à ses autres enfants, les Cyclopes et les Titans. Seul Cronos répondit à son appel. Il se retourna contre son père Ouranos, le mutila et le renvoya dans les cieux.

Cronos régna alors sur le monde, jusqu'à ce que son fils Zeus le détrône et s'empare du pouvoir.

Zeus et ses frères se partagèrent l'univers.

Poséidon devint le dieu de la mer, Hadès le dieu des morts et des enfers et Zeus dieu du ciel et de la terre, roi des dieux.

Monde mythique dogon

Le dieu créateur Amma, omnipotent et immatériel, forma un œuf du monde, appelé aussi « placenta originel ». Il y plaça les germes des deux premiers êtres, sous la forme de deux poissons silures. L'un d'eux, Yorougou, se révolta, sortit de l'œuf et partit dans l'espace, emportant avec lui un morceau du placenta originel, qui devint la terre.

En représailles, Amma le changea en renard et sacrifia son jumeau, Nommo, afin de purifier l'univers. Nommo ressuscita et descendit du ciel sur une arche de terre pure, créée avec le placenta originel, amenant avec lui les huit ancêtres de l'humanité, les plantes et les animaux.

L'arche arriva sur la terre impure du renard, pendant que tombait la toute première pluie issue des eaux de l'œuf du monde.

Paradoxe temporel

L'espace et la matière sont relatifs au temps, donc indissociables. Si le Big Bang existe, c'est l'origine de l'univers et de l'espace ; c'est ainsi aussi l'origine du temps. Donc, dans ce cas, il n'y aurait pas d'« avant ».

Mythe des 4 soleils

Chez les Aztèques, le monde ne s'est créé définitivement qu'après quatre essais infructueux.

Le soleil de terre, où le ciel s'effondra, ensevelissant le soleil et créant des ténèbres à la faveur desquelles les jaguars dévorèrent les géants qui peuplaient le monde.

Le soleil de vent, où le monde fut totalement balayé par un ouragan fantastique qui changea les hommes en singes.

Le soleil de pluie, où s'abattit un déluge de feu sur toute la terre, qui métamorphosa les hommes en dindons.

Et enfin le soleil d'eau, avalé dans un déluge de cinquante-deux ans, où les eaux dépassèrent les plus hautes montagnes, transformant les hommes en poissons, à l'exception d'un couple réfugié dans un canot avec deux épis de maïs.

À l'échelle du cosmos

Un point = 3 millions d'années.

1.

Les débuts

```
............................................................................
............................................................................
.....................................................................2......
............................................................................
.........................3..................................................
............................................................................
............................................................................
............................................................................
............................................................................
............................................................................
.....................................................................4......
............................................................................
............................................................................
......5.............6..........7..............................................8..
..............................9............10 11
```

1 : Big Bang
2 : naissance de la Terre et du système solaire
3 : apparition de la vie
4 : premières cellules à noyau
5 : ère primaire
6 : premiers vertébrés
7 : apparition de la vie sur la terre ferme
8 : ère secondaire, dinosaures
9 : ère tertiaire, fin des dinosaures
10 : ère quaternaire
11 : aujourd'hui.

De l'ère quaternaire à aujourd'hui

Un point = 500 ans.

1.

Les débuts

1 : début de l'ère quaternaire (– 3 millions d'années)
2 : apparition de l'*Homo sapiens*
3 : apparition de l'agriculture
4 : naissance de Jésus-Christ
5 : aujourd'hui

Les âges de la Terre

L'histoire de la Terre, de sa naissance à aujourd'hui, est divisée en quatre grandes périodes de temps, appelées *éons*. Chaque éon est lui-même divisé en plusieurs *ères*, elles-mêmes divisées en *périodes* (ou *systèmes*), subdivisées en *époques* (ou *séries*).

Fondée sur le classement des différentes couches de roche constituant la croûte terrestre, cette grande classification chronologique s'appelle l'*échelle des temps géologiques*.

Autour de la Terre

« Cette obscure clarté qui tombe des étoiles. »
Corneille, *Le Cid*

« Le silence éternel de ces espaces infinis m'effraie. »
Pascal

*« L'univers m'embarrasse et je ne puis songer
Que cette horloge existe et n'ait pas d'horloger. »*
Voltaire, *Les Cabales*

Vitesse lumière, vitesse relative

La lumière est certes un élément extrêmement rapide, qui traverse l'espace à une vitesse de 300 000 km par seconde, mais à l'échelle de l'univers, elle y paraît sensiblement moins véloce.

Origine lumineuse	Réception sur terre
Lune	1 seconde
Soleil	8 minutes
Pluton	5 heures
Proxima du Centaure (étoile la plus proche)	4 ans
Centre de la Voie lactée	26 000 ans
Fin fond de la Voie lactée	100 000 ans
Galaxie d'Andromède	2,6 millions d'années
Horizon cosmique (diamètre de l'univers observable)	44 milliards d'années

Rare, froid et obscur

Depuis sa naissance il y a 13,7 milliards d'années, l'univers se raréfie, se refroidit et s'obscurcit. Il est passé de 5 milliards d'atomes à 5 atomes par mètre cube, de plusieurs milliards de degrés centigrades à − 270 °C (3° absolus).

Grain de sable

Si l'homme avait la taille d'un grain de sable, il serait posé sur une Terre de 6 kilomètres de diamètre.

Si la Terre avait la taille d'un grain de sable, elle serait située à côté d'un Soleil de 11 centimètres de diamètre.

Si le Soleil avait la taille d'un grain de sable, il serait inclus dans un système solaire de 4,30 mètres de diamètre.

Si le système solaire avait la taille d'un grain de sable, il serait inclus dans une galaxie (Voie lactée) de 158 kilomètres de diamètre.

Si la Voie lactée avait la taille d'un grain de sable, elle serait incluse dans un amas de galaxies (amas de la Vierge) de 15 centimètres de diamètre.

De la Terre au Soleil

149 597 870 km (en moyenne).

Caprices lunaires

La Lune est espiègle. Certains savants vous diront que pour faire sa révolution autour de la Terre, il lui faut : 27 jours, 7 heures, 43 minutes.
D'autres savants, tout aussi sérieux, vous diront que non, pas du tout, elle met pour tourner autour de la Terre : 29 jours, 12 heures, 44 minutes.

Et ils ont tous raison.
La première valeur correspond au *mois sidéral*, c'est-à-dire le temps nécessaire à la Lune pour retrouver sa position par rapport aux étoiles, et la deuxième valeur correspond au *mois synodique*, c'est-à-dire le temps nécessaire entre deux pleines lunes.

Pendant que la Lune tourne autour de la Terre, la Terre tourne autour du Soleil, exactement de 1/12 de son orbite. La Lune est donc obligée de parcourir un peu plus d'un tour pour retrouver sa position initiale.

Les 4 forces du monde

Notre monde physique est régi par des forces qui le structurent et l'équilibrent ; elles sont au nombre de quatre et seulement quatre, et il n'en existe aucune autre, dans l'état actuel de nos connaissances.

Force de gravité	Force d'attraction entre les objets (du grain de sable à la galaxie)
Force électromagnétique	Force d'attraction des atomes entre eux et des électrons autour des noyaux atomiques
Force nucléaire	Force d'attraction des particules élémentaires dans les noyaux atomiques
Force faible	Force permettant aux particules d'échanger de l'énergie

Vers l'infini et au-delà

L'univers est en expansion. Mais les différentes galaxies ne se déplacent pas dans l'espace immobile. C'est l'espace lui-même qui s'agrandit et les galaxies suivent son expansion perpétuelle en s'éloignant les unes des autres, comme le feraient des taches colorées sur un ballon de baudruche que l'on gonfle.

Nébulosité

Quand le ciel bas et lourd pèse comme un couvercle, la quantité de nuages est exprimée en OCTA.

0   Ciel pur
1   1/8 de la surface observée sont couverts
2   2/8 de la surface observée sont couverts
3   3/8 de la surface observée sont couverts
4   4/8 de la surface observée sont couverts
5   5/8 de la surface observée sont couverts
6   6/8 de la surface observée sont couverts
7   7/8 de la surface observée sont couverts
8   Ciel entièrement couvert

Pascal ou la pression atmosphérique

De symbole Pa, le pascal est une unité de mesure qui correspond à une pression uniforme de 1 newton sur une surface de 1 m².
Autour de la Terre, l'atmosphère exerce à la surface de notre planète une pression moyenne de 1 013 hPa (hectopascals) au niveau de la mer.
Au-dessous de cette valeur, on parle de *dépression* ; au-dessus, on parle d'anticyclone.

Autour de la Terre

Couche	Altitude moyenne (en km)	Caractéristiques
Exosphère	+ de 600	Espace intersidéral
Thermosphère	De 600 à 85	Aurores boréales
Mésosphère	De 85 à 50	Étoiles filantes
Stratosphère	De 50 à 15	Contient la couche d'ozone
Troposphère	De 15 à 0	Contient 100 % des nuages, 90 % de l'air et 98 % de l'eau atmosphérique
Terre	0	

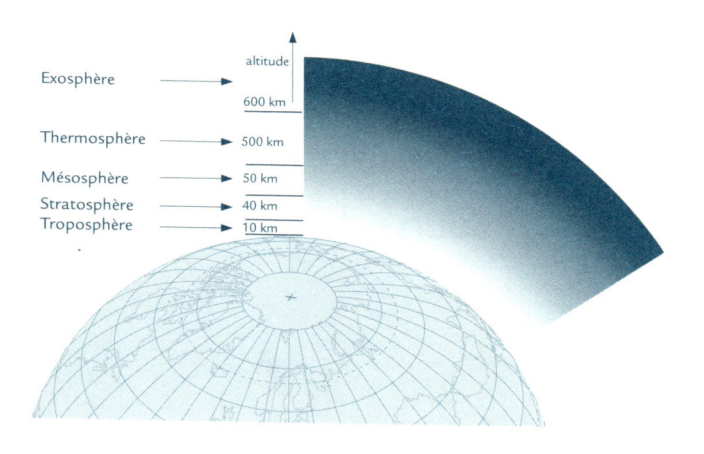

Planète « bleue »

La notion de planète « bleue », entrée dans le langage courant et utilisée pour désigner la Terre, n'est apparue que depuis 1961, pour être définitivement adoptée en 1969.
En effet, c'est seulement à cette première date que des cosmonautes ont pu admirer la Terre dans sa globalité depuis l'espace.
Youri Gagarine pour l'URSS, dans *Vostok-1*, le 12 avril 1961, Alan Shepard pour les État-Unis, dans *Freedom-7*, le 5 mai 1961, et Neil A. Armstrong, Edwin F. Aldrin et Michael Collins, les astronautes de la mission américaine *Apollo-11* depuis la Lune le 16 juillet 1969.
La terre ne recouvre effectivement qu'un quart du globe, contre trois quarts pour l'eau des océans, ce qui fait que vue de l'espace, on aurait plutôt tendance à appeler notre planète la planète « bleue » ou la planète « mer ».

Course du Soleil

Lever à l'est
Passage au sud
Coucher à l'ouest

La cour du roi Soleil

Le système solaire est composé d'une étoile, le Soleil, et de huit planètes :
- Mercure
- Vénus
- Terre
- Mars
- Jupiter
- Saturne
- Uranus
- Neptune.

Pour s'en souvenir dans le bon ordre, de la plus proche à la plus éloignée du Soleil, retenez cette phrase :
« **Me V**oici **T**oute **M**ignonne, **Je S**uis **U**ne **N**ébuleuse. »
La première lettre de chaque mot de la phrase correspond à la première lettre de chaque planète.

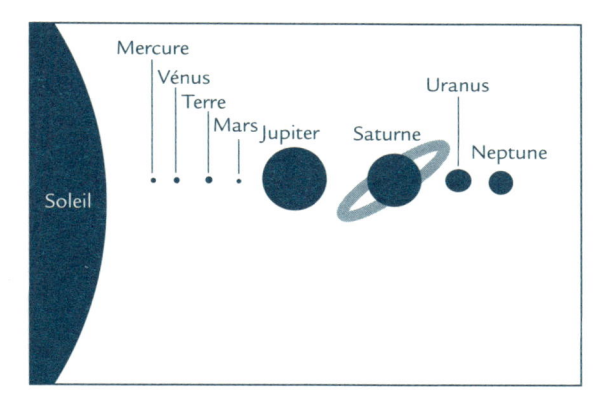

100 % atmosphère

Azote	N_2	78 %
Oxygène	O_2	21 %
Eau	H_2O	de 0 à 4 %
Argon	Ar	0,93 %
Gaz carbonique	CO_2	0,035 %
Néon	Ne	0,0018 %
Hélium	He	0, 000 5 %
Méthane	CH_4	0, 000 15 %
Krypton	Kr	0, 000 114 %
Hydrogène	H	0, 000 05 %
Oxyde d'azote	N_2O	0, 000 03 %
Xénon	Xe	0, 000 008 7 %
Ozone	O_3	de 0 à 0, 000 005 %

De la fameuse couche d'ozone

L'ozone est une molécule présente naturellement sous forme gazeuse dans l'atmosphère, de formule O_3. Si sa présence au niveau du sol est extrêmement polluante, elle devient en revanche indispensable à la vie dans la stratosphère, entre 20 et 50 km d'altitude, où elle forme une fine couche plus ou moins régulière qui filtre le rayonnement ultraviolet solaire. Sans elle, la vie sur la terre ferme ne serait pas possible.

Or, à la fin des années 1970, les scientifiques ont découvert au-dessus de l'Antarctique un trou dans la couche d'ozone. Tous les ans au mois de septembre, environ 60 % de l'ozone y est détruit, comblé par la suite en quelques semaines.

Cette perte est due principalement aux atomes de chlore et de brome libérés dans l'atmosphère par l'activité humaine. Ils sont issus de composés synthétiques comme les fameux chlorofluorocarbures (CFC), utilisés pour faire fonctionner climatiseurs, aérosols et autres réfrigérateurs.

L'évolution du trou a été tellement rapide et importante qu'en 1987, les principaux pays du globe ont signé, sous l'égide de l'ONU, un protocole, le protocole de Montréal, recommandant une réduction drastique des émissions de CFC. Ainsi, entre 1984 et 1992, l'utilisation des CFC a diminué de 90 %. Un retour à l'état normal de la couche d'ozone est prévu pour environ 2050.

Étoiles, stars de la nuit

Par une belle nuit très claire, éloigné de toute source de lumière, un observateur curieux, attentif et patient pourra différencier à l'œil nu seulement environ 3 000 étoiles. Certaines proches, d'autres beaucoup plus lointaines, si lointaines que leur lumière, qui se déplace à travers l'immensité interstellaire à la vitesse pourtant honorable de 300 000 km/s, ne lui parviendra au fond de la rétine qu'après un trajet de plusieurs années.

Alors, sur ces 3 000 étoiles, combien lui feront l'honneur de mourir entre le moment où elles émettent leur lumière et celui où leur éclat est perçu sur terre, lui permettant de « voir » une étoile déjà disparue ?

Malheureusement, avec la réponse, le rêve disparaît. Une étoile vit de 10 millions à 100 milliards d'années environ. À cette échelle astronomique, au propre comme au figuré, une nuit humaine représente quasiment zéro de son temps. Quelques-unes exploseront effectivement très vite, mais peut-être dans 5 000, 10 000 ou 100 000 ans. En revenant la nuit suivante et les suivantes encore, notre observateur au nez dans les étoiles en comptera toujours 3 000.

Des poètes dans la lune

« La lune était sereine et jouait sur les flots. »
Victor Hugo, *Les Orientales*

« C'était, dans la nuit brune,
Sur le clocher jauni,
La lune
Comme un point sur un i. »
Alfred de Musset, *Ballade à la lune*

Caractéristiques des planètes

Nom	Distance du Soleil (km)	Diamètre (km)	Gravité en surface (cm/s^2)	Révolution	Température moyenne (°C)
Mercure	57 909 175	4 878	370	88 jours	179
Vénus	108 208 930	12 104	887	224 jours	464
Terre	149 597 890	12 756	980	365 jours	15
Mars	227 936 640	6 794	371	687 jours	− 63
Jupiter	778 412 020	142 800	2 312	12 ans	− 121
Saturne	1 426 725 400	120 536	896	29 ans	− 130
Uranus	2 870 972 200	51 118	869	84 ans	− 205
Neptune	4 498 252 900	49 492	1 100	164 ans	− 220

Matière extraterrestre, la grande menace

La Terre reçoit tous les jours de la matière extraterrestre, en provenance de l'espace, sous la forme de météorites. Il tombe chaque jour 2 000 à 3 000 météorites de plus de 1 kg, dont la plupart s'abîment dans les océans.
Des astéroïdes et des comètes beaucoup plus volumineux croisent parfois l'orbite de la Terre et pourraient en cas de collision et en fonction de leur taille générer de terribles dégâts.

Diamètre du météorite	Fréquence d'apparition dans l'orbite de la Terre	Destruction en cas de collision
10 m	Tous les 10 ans	Quasiment pas de dégâts
60 m	Tous les 100 ans	Dégâts locaux considérables
100 m	Tous les 1 000 ans	Destruction totale dans un rayon de 20 km
500 m	Tous les 5 000 ans	Dégâts comparables à une bombe nucléaire de 150 mégatonnes
1 km	Tous les 300 000 ans	Destruction totale dans un rayon de plusieurs centaines de kilomètres
2 km	Tous les 2 millions d'années	Destructions massives possiblement suivies d'un hiver nucléaire

5 km	Tous les 10 millions d'années	Cataclysme planétaire et disparition d'espèces entières
10 km	Tous les 100 millions d'années	Extinction de la plupart des espèces vivantes
50 km	Tous les milliards d'années	

Vitesse de libération

Pour se libérer de la gravité terrestre, un corps, propulsé à la verticale, doit dépasser la vitesse de 40 320 km/h, soit 11,2 km/s. C'est ce que l'on appelle la *vitesse de libération*.

Étoile Polaire

Dès que les étoiles sont visibles dans le ciel, tournez le dos au soleil de midi et levez les yeux au ciel, repérez la constellation de la Grande Ourse, en forme de casserole et composée de sept étoiles. Prolongez vers le haut la ligne du bord externe de la casserole de cinq fois sa longueur et vous tomberez sur l'étoile Polaire, située à l'extrémité de la constellation de la Petite Ourse.

L'étoile Polaire est la seule étoile visible de l'hémisphère nord qui ne bouge quasiment pas dans le ciel et indique donc toujours la direction du nord.

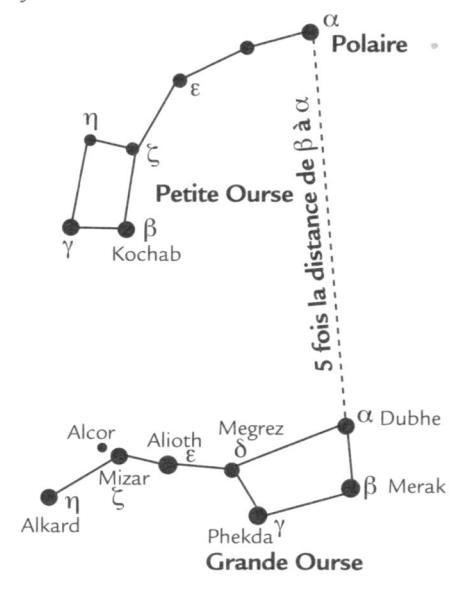

Éclipses

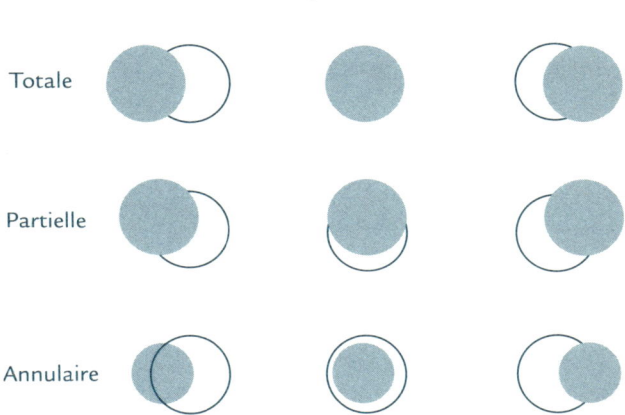

Totale

Partielle

Annulaire

Prochaines éclipses totales :

Soleil 22/07/2009 6 minutes 40 secondes sud de l'Asie, Népal
Lune   21/12/2010 1 minute 24 secondes   Pacifique.

Les 15 étoiles les plus brillantes à l'œil nu

De la plus brillante à la moins brillante

Nom	Constellation	Magnitude visuelle apparente	Distance (années-lumière)
Sirius	Grand Chien	− 1,4	8,6
Canopus	Carène	− 0,7	190
Kentarus	Centaure	− 0,3	4,3
Arcturus	Bouvier	0	36
Véga	Lyre	0	26,5
Capella	Cocher	+ 0,1	45
Rigel	Orion	+ 0,2	660
Procyon	Petit Chien	+ 0,4	11,4
Achernar	Éridan	+ 0,5	130
Agena	Centaure	+ 0,6	390
Altaïr	Aigle	+ 0,7	16
Bételgeuse	Orion	+ 0,8	650
Aldebaran	Taureau	+ 0,8	68
Acrux	Croix du Sud	+ 0,8	260
Épi	Vierge	+ 1	260

Amers et azimuts

« Le monde est non seulement plus étrange que nous l'imaginons, mais plus étrange que nous ne sommes en mesure de l'imaginer. »
John Eccles

« Dire les quatre coins de la terre, puisqu'elle est ronde. »
Gustave Flaubert

Brise et autres tempêtes

Créée par l'amiral anglais Francis Beaufort (1774-1857), l'*échelle de Beaufort* mesure la vitesse du vent.

Degrés Beaufort	Terme descriptif	Vitesse du vent (à 10 m de hauteur) En km/h	En nœuds	Observations
0	Calme	– de 1	– de 1	Mer d'huile, la fumée monte droit, les feuilles des arbres ne bougent pas
1	Très légère brise	1 à 5	1 à 3	Mer ridée, la fumée indique la direction du vent, les feuilles des arbres bougent à peine
2	Légère brise	6 à 11	4 à 6	Vaguelettes, on sent le vent sur le visage, le feuillage frémit
3	Petite brise	12 à 19	7 à 10	Petits « moutons », les drapeaux flottent, le feuillage s'agite
4	Jolie brise	20 à 28	11 à 15	Nombreux « moutons », les drapeaux claquent, la poussière et les papiers se soulèvent
5	Bonne brise	29 à 38	16 à 21	Vagues, embruns, les branches des arbres s'agitent
6	Vent frais	39 à 49	22 à 26	Lames, crêtes d'écume étendues, les fils électriques sifflent
7	Grand frais	50 à 61	27 à 33	Lames déferlantes, on peine à marcher contre le vent

8 Coup de vent	62 à 74 34 à 40	La crête des vagues part en tourbillons d'écume, on ne marche plus contre le vent, dégâts aux arbres et aux toitures
9 Fort coup de vent	75 à 87 41 à 47	Grosses lames dont les crêtes s'écroulent et déferlent en rouleaux
10 Tempête	88 à 102 48 à 55	Les embruns obscurcissent la vue, on ne voit plus rien, dégâts importants et lourds dommages aux forêts et aux bâtiments
11 Violente tempête	103 à 117 56 à 63	Lames exceptionnellement hautes, mer couverte de barres d'écume blanche
12 Ouragan	118 et + 64 et +	Air plein d'écume et d'embruns, mer entièrement blanche, visibilité très réduite

Les tornades de Fujita

Créée en 1971 par le météorologue Fujita, l'*échelle de Fujita* classe les tornades en cinq niveaux, selon les dégâts qu'elles occasionnent.

Niveau	Vitesse du vent (km/h)	Observations	Fréquence des tornades) (en pourcentage
F0 : léger	– de 116	Dommages aux cheminées, aux antennes télé	28 %
F1 : moyen	117 à 180	Dommages aux toitures, automobiles renversées	36 %
F2 : fort	181 à 252	Toitures arrachées, hangars démolis	24 %
F3 : très fort	253 à 330	Murs extérieurs et toits projetés dans les airs, les maisons et les bâtiments de métal s'effondrent ou subissent des dégâts importants, forêts abattues	6 %
F4 : dévastateur	331 à 417	Même dans les habitations bien construites, l'essentiel des murs, sinon tous, s'effondre ; tels des missiles, de gros objets en acier ou en béton sont projetés à de grandes distances	2 %
F5 : destructeur	+ de 418	Maisons rasées ou projetées sur de grandes distances	– de 1 %

TGV (Terre à Grande Vitesse)

La Terre tourne sur elle-même à 1 700 km/h (à l'équateur).
Elle tourne également autour du Soleil à 108 000 km/h.
Enfin elle avance avec le système solaire tout entier à 72 000 km/h.

Décomposition

Pelure d'orange	1 mois
Papier	3 mois
Peau de banane	6 mois
Filtre de cigarette	1 à 2 ans
Chewing-gum	5 ans
Brique de lait	5 ans
Chaussure en cuir	25 à 40 ans
Nylon	30 à 40 ans
Boîte de conserve	50 à 100 ans
Piles	50 ans
Sac plastique	100 ans
Canette alu	200 ans
Plastique	100 à 1 000 ans
Verre	4 000 ans

(valeurs moyennes)

Chiffres abracadabrantesques

- Entre 150 et 300 espèces animales et végétales s'éteignent chaque jour, soit un rythme 1 000 fois supérieur à la vitesse d'extinction naturelle des espèces.
- 10 kg de papier et de carton recyclés permettent une économie de 230 litres d'eau et de 3 kg de pétrole.
- Il faut pêcher en mer environ 2,5 kg de poisson sauvage, transformés en farines, pour produire 1 kg de poisson d'élevage.
- Il y a 84 millions d'humains en plus par an sur terre.
- Si tous les Terriens vivaient et consommaient comme des Européens, il faudrait alors 2 planètes Terre supplémentaires.
- Aujourd'hui, 50 villes dépassent 10 millions d'habitants ; il y a 100 ans, elles étaient… 2.
- La population humaine va sans doute passer de 6 milliards en 2000 à 12 milliards en 2100.
- La désertification menace environ 20 % des terres de la planète.
- Les zones naturelles protégées couvrent à peu près 9 % des terres de la planète.
- L'épaisseur de la banquise aura sans doute diminué d'environ 50 % en 2050.
- Depuis 1970, l'Amazonie a perdu presque 20 % de sa surface, soit la taille de la France.
- Sur terre, 20 % de la population consomme 80 % de l'énergie.

- En l'an 2000, l'humanité a consommé 9 Gtep (milliards de tonnes équivalent pétrole) ; elle en consommera 16 en 2020.
- La nature a mis 250 millions d'années pour fabriquer le pétrole.
- Les réserves en énergies fossiles sont d'environ 60 ans pour le pétrole, 65 pour le gaz, 80 pour l'uranium et 250 pour le charbon.
- 1 gramme d'uranium correspond à 1 tonne de pétrole.
- L'homme crée environ 1 000 nouvelles substances chimiques par an.
- Il existe dans le monde environ 70 000 molécules chimiques.
- La Terre a vécu 99,70 % de son existence sans la présence de l'homme.

Tropiques

Chacun des deux grands cercles imaginaires de latitude 23°27' le long desquels le Soleil passe au zénith à chacun des solstices.

Au nord du tropique du Cancer dans l'hémisphère nord et au sud du tropique du Capricorne dans l'hémisphère sud, le Soleil n'atteint donc jamais une élévation de 90° et ne se trouve jamais à la verticale du sol.

Climats

Climat	Caractéristiques
Tempéré océanique	4 saisons
	jamais très froid ni très chaud
Tempéré continental	4 saisons
	hiver froid, été chaud
Tempéré méditerranéen	4 saisons
	hiver doux, été chaud
	pluies faibles
Polaire	été court et froid
	hiver long et très froid
	neige et glace
Équatorial	1 saison chaude et humide
	pluies abondantes
Tropical	2 saisons : sèche et humide
	toujours chaud
Tropical sec aride	très chaud le jour, froid la nuit
	pluies très faibles

Brume et brouillard

Brume : visibilité supérieure à 1 km
Brouillard : visibilité inférieure à 1 km

Âge humain de la Terre

La Terre est née il y a environ 4,5 milliards d'années. Elle disparaîtra, selon les spécialistes, dans environ 5 milliards d'années. Elle en est donc à peu près à la moitié de sa vie. Ramenée à l'échelle humaine, notre bonne vieille planète aurait environ 40 ans.

Point de rosée

L'air contient plus ou moins de vapeur d'eau. La masse maximale de vapeur d'eau que peut contenir 1 m^3 d'air (capacité hygrométrique) varie énormément avec la température.

Elle est de 1 gramme à − 20 °C ;
de 30 grammes à + 20 °C.
Donc à + 20 °C, l'air peut contenir 30 fois plus d'eau qu'à − 20 °C.

Quand l'air se refroidit, sa capacité hygrométrique diminue jusqu'à atteindre un point de saturation, joliment nommé « point de rosée », au-delà duquel la vapeur d'eau dissoute précipite (elle tombe sur le sol) et forme la rosée.

Pôles positions

- Intersection de l'axe de rotation de la Terre avec sa surface
- Point de convergence de tous les méridiens
- Nord ou sud
- Extrémités nord et sud de la Terre

À haute altitude, basse température

Plus on va moins haut, moins on a plus froid, ou le contraire...
Le *gradient thermique adiabatique* correspond à la variation de température de l'air avec l'altitude.
Il est en moyenne de 0,55 °C pour 100 mètres de dénivelé, donc d'environ 1 °C tous les 200 mètres.

Ainsi donc, s'il fait 20 °C au bord de la mer, il fera :
  14,5 °C à 1 000 mètres d'altitude
  9 °C à 2 000 mètres
  3,5 °C à 3 000 mètres
  – 2 °C à 4 000 mètres
Etc.

Climats

Classification thermique :
- froid
- tempéré
- chaud

Classification hydrique :
- hyperhumide
- humide
- subhumide
- semi-aride
- aride
- hyperaride

Classification amplitudale :
- hyperocéanique
- océanique
- continental
- hypercontinental

Les 4 types de raz de marée

- Sismique (tremblement de terre)
- Météorologique (tempête)
- Glaciaire (vêlage de glace ou chute dans la mer d'énormes blocs d'inlandsis)
- Glyptogénique (glissement de terrain).

Centigrade, Celsius ou Fahrenheit

Degré centigrade (ou degré Celsius) :
Introduit en 1948, en référence à l'astrophysicien suédois Anders Celsius (1701-1744).
Égal à 1/100 de l'intervalle séparant la température de solidification de l'eau pure (0 °C) et sa température d'ébullition (100 °C), à une pression de 1 atmosphère.

Degré Fahrenheit :
Créé par le physicien allemand Daniel Gabriel Fahrenheit (1686-1736) en 1724, le 0 °F correspond à la température la plus basse mesurée à Dantzig durant l'hiver 1708-1709.
Égal à 1/80 de l'intervalle entre 32 °F (0 °C) et 212 °F (100 °C).

La formule de conversion est : °C = (°F − 32) / 1,8

°C	°F	Commentaire
− 273,15	− 459,67	Zéro absolu
− 89	− 128,2	Plus basse température enregistrée sur terre, à Vostok (Antarctique) le 21/07/1983
− 40	− 40	Point remarquable d'équivalence des échelles
− 17,78	0	Zéro Fahrenheit
0	32	Fusion de l'eau

15	59	Température moyenne à la surface de la Terre
16	61	Température réversible
28	82	Température réversible
58	136,4	Température la plus haute enregistrée sur terre, à El-Azizia (Libye) en 1922
100	212	Température d'ébullition de l'eau
5 526	9 980	Température à la surface du Soleil

Les séismes selon Mercalli et Richter

L'échelle de Mercalli, créée en 1902 par le volcanologue italien Giuseppe Mercalli (1850-1914), est une échelle de mesure de l'*intensité* des séismes. Elle présente 12 degrés, cotés en fonction des dégâts causés.

L'échelle de Richter, créée en 1935 par le sismologue américain Charles Francis Richter (1900-1985), est une échelle de mesure de l'*énergie* libérée lors d'un séisme. Elle est logarithmique, c'est-à-dire que l'augmentation de 1 point correspond à une énergie libérée multipliée par 30. Elle compte 9 degrés de magnitude.

Degrés Mercalli	Dégâts causés	Équivalent Richter
1	Perçu uniquement par quelques personnes dans des conditions favorables	2
2	Perçu par des personnes au repos dans les étages supérieurs des bâtiments ; balancement d'objets suspendus	3
3	Perçu par des personnes à l'intérieur des bâtiments	3
4	Perçu par la plupart des personnes à l'intérieur et par quelques personnes à l'extérieur ; certains dormeurs sont réveillés ; bruits de vaisselle, de portes et de fenêtres	4

5	Perçu par presque tous ; bris de vaisselle et de vitres ; les objets instables sont renversés	5
6	Perçu par tout le monde ; des personnes sont effrayées et courent à l'extérieur ; des livres tombent des étagères ; des meubles sont déplacés ; quelques chutes de plâtre ; dommages légers	5
7	La plupart des gens paniquent et courent à l'extérieur ; difficulté à rester debout ; perçu par les automobilistes ; dommages légers aux bâtiments ordinaires et importants aux bâtiments mal construits ; bris de meubles	6
8	Dommages légers aux bâtiments antisismiques ; dommages importants aux bâtiments ordinaires, avec effondrement partiel	7
9	Dommages considérables aux bâtiments antisismiques ; les bâtiments se séparent de leurs fondations en se déplaçant ; fissuration du sol	7
10	La plupart des constructions sont détruites ; sol fortement fissuré ; glissements de terrain	8
11	Peu de constructions restent debout ; rails tordus, ponts détruits ; larges fissures dans le sol	8
12	Destruction totale ; horizon et topographie bouleversés ; ondulations visibles à la surface du sol ; objets projetés dans les airs	9

Amers et azimuts

Latitude et parallèles, longitude et méridiens

Quel que soit le lieu où vous vous trouvez sur cette Terre, cet endroit est défini par sa latitude et sa longitude.
La latitude est sa position par rapport à l'équateur (ou parallèle de référence).
La longitude est sa position par rapport au méridien de Greenwich (ou méridien de référence).
Comme la Terre est ronde, ou presque, ces deux valeurs sont exprimées en degrés.

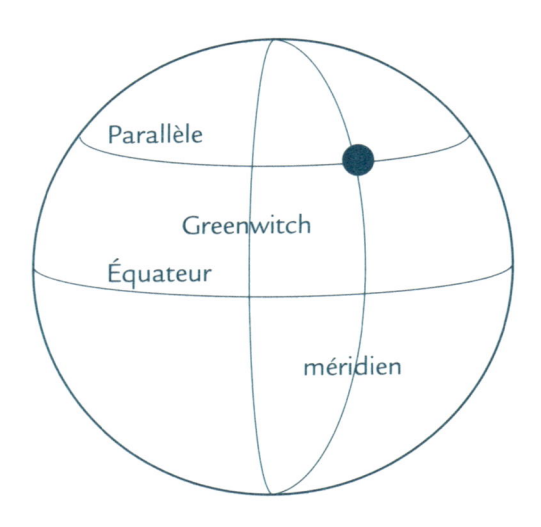

Du nord au sud

90° latitude nord	pôle Nord
60° latitude nord	sud de l'Alaska, sud du Groenland, nord de l'Angleterre, Stockholm, Oslo, Saint-Pétersbourg, Sibérie
50° latitude nord	Vancouver, Terre-Neuve, Paris, Prague, Kiev
45° latitude nord	parc de Yellowstone, Montréal, Lyon, Venise, mer d'Aral
40° latitude nord	New York, San Francisco, Madrid, Baléares, mont Olympe, Ankara, Pékin
30° latitude nord	sud du Japon, Shanghai, Lhassa, Himalaya, Le Caire, Agadir, La Nouvelle-Orléans
23°5 latitude nord (tropique du Cancer)	Hawaii, La Havane, La Mecque, Calcutta, Hong Kong
0° (équateur)	Bornéo, Sumatra, lac Victoria, embouchure de l'Amazone, Galápagos
23°5 latitude sud (tropique du Capricorne)	Mururoa, Rio de Janeiro, désert du Kalahari, île de la Réunion, îles des Pins (Nouvelle-Calédonie)
35° latitude sud	Auckland, Santiago, Buenos Aires, Cap de Bonne-Espérance, Sydney
50° latitude sud	îles Falkland, Îles Kerguelen, îles Antipodes
90° latitude sud	pôle Sud

Ni plate ni ronde

Chez les premiers hommes, la Terre est imaginée comme un objet flottant sur les eaux. De la barque à l'auge, en passant par l'île ou le plateau, cette conception va durer jusqu'à environ − 500 avant J.-C., où les pythagoriciens et Platon, à l'issue d'un cheminement purement philosophique, vont émettre l'idée d'une Terre ronde. Ce n'est que plus tard que les preuves de la rotondité de notre planète vont apparaître.

Aristote, au IVe siècle avant J.-C., le déduit de la forme de l'ombre de la Terre sur la Lune lors des éclipses et du changement de hauteur des astres lors du déplacement du voyageur du nord au sud. Vers − 240, Ératosthène parvient à calculer le rayon de la Terre en prenant simultanément la hauteur du Soleil en deux endroits différents.

L'avènement de la chrétienté et de ses dogmes, associé à l'établissement des cartes géographiques à projection plate, opèrent un grand retour en arrière, avec la croyance ancienne d'un disque plat centre du monde, entouré d'un océan circulaire.

C'est le voyage de Magellan autour du monde (1519-1522) qui démontrera définitivement la sphéricité de la Terre. Sphéricité relative, car à la fin du XVIIe siècle, Huygens et Newton émirent l'hypothèse, vérifiée ensuite, de la forme ellipsoïdale aplatie aux pôles de notre planète.

2 ou 4 hémisphères ?

La planète Terre, comme toute planète, est une sphère. Elle peut donc être divisée en deux hémisphères :
- l'hémisphère nord, boréal, dont le pôle est le pôle Nord ;
- l'hémisphère sud, austral, dont le pôle est le pôle Sud.

Il existe aussi une séparation créant :
- un hémisphère continental, dont le pôle est situé à Quiberon, en France ;
- un hémisphère océanique, dont le pôle est situé en mer près de la Nouvelle-Zélande.

Classification des lacs

Artificiel, glaciaire, karstique, tectonique, volcanique.

Les 4 couches sous-marines

Couche euphotique : de 0 à − 200 m.
Couche bathyale : de − 200 à − 3 000 m.
Couche abyssale : de − 3 000 à − 7 000 m.
Couche hadale : au-delà de − 7 000 m.

Théorie de Gaïa

La Terre est vivante. La concentration de la majorité des gaz de l'atmosphère dépend essentiellement de l'activité des êtres qui y vivent. Ainsi la biosphère, la part vivante de la Terre, fonctionne comme un vaste et unique organisme, appelé *Gaïa*, qui crée et entretient les conditions les plus favorables possible à un développement optimal. Gaïa autorégule et adapte en permanence la planète à ses besoins.
Cette théorie a été émise par le scientifique anglais James Lovelock en 1969 et la microbiologiste américaine Lynn Margulis.

À la dérive

Au carbonifère, il y a 300 millions d'années, les continents actuels ne formaient qu'un continent unique, la Pangée, plantée comme une île au milieu d'un unique océan, la Panthalassa. Cette Pangée s'est ensuite fracturée, divisée, et chaque bloc a dérivé comme un radeau sur le magma plus dense et plus visqueux, pour former les continents actuels.
Cette théorie est aujourd'hui remplacée par celle de la tectonique des plaques.

Pas de précipitation

Il ne faut pas confondre :
- bruine ou crachin   gouttes de 0,1 à 0,5 mm
- pluie   gouttes de 0,5 à 4 mm
- grésil   billes de glace < à 5 millimètres ou < à 0,2 g
- grêle   billes de glace > à 5 mm ou > à 0,2 g

Silice

Deuxième constituant le plus important en quantité de la croûte terrestre après l'oxygène.
De formule SiO_2.

Seul au monde

Pôle maritime d'inaccessibilité :
- point océanique le plus éloigné de toute terre
- appelé *point Némo*
- 48°50' sud 123°20' ouest
- situé dans l'océan Pacifique sud, à 2 688 km de l'île Ducie
- sur ce point, les hommes les plus proches sont les spationautes en poste à la station spatiale internationale.

Pôle terrestre d'inaccessibilité :
- point de la Terre le plus éloigné de l'océan
- 46°17' nord 86°40' est
- situé au sud-ouest de la Chine, à 2 645 km de la côte la plus proche.

Les 6 continents

Afrique, Amérique, Antarctique, Asie, Europe, Océanie.

Montage des montagnes

Les montagnes de la Terre ne sont pas toutes les mêmes. Hormis leur différence de hauteur, elles sont aussi classées en trois types, selon leur mécanisme de formation.

Type	Mécanisme	Exemple
Subduction océanique	Enfoncement d'une plaque océanique sous une plaque continentale	Andes
Abduction	Enfoncement d'une plaque continentale sous une plaque océanique	Oman
Collision	Collision de deux plaques continentales	Himalaya
Intracontinental	Serrage d'une plaque continentale	Pyrénées

Les 7 couleurs de l'arc-en-ciel

Violet, indigo, bleu, vert, jaune, orangé, rouge.

Pour vous en souvenir, retenez :
« **V**ous **I**nventez **B**ien, **V**ous, **J**eune **O**isif **R**idicule ! »

Autant en emportent les vents

Alizé, aquilon, autan, baguio, balaguère, bise, blizzard, bora, borée, brise, cardonazo, chinook, easterlies, étésien, foehn, galerne, harmattan, khamsin, libeccio, lombarde, marin, meltemi, mistral, mousson, nortes, simoun, sirocco, tramontane, westerlies, white squalls, williwan, zéphyr.

Marée et marnage

Le coefficient de marée est en France un nombre sans dimension, calculé à partir des différences de marnage au niveau de la ville de Brest.
La valeur la plus faible (20) correspond à un marnage à Brest de 1,22 mètre et la plus forte (120) à un marnage de 7,32 mètres.

20	marée de morte eau maximale
45	marée de morte eau moyenne
70	marée moyenne
95	marée de vive eau moyenne
120	marée de vive eau maximale

Les 4 saisons

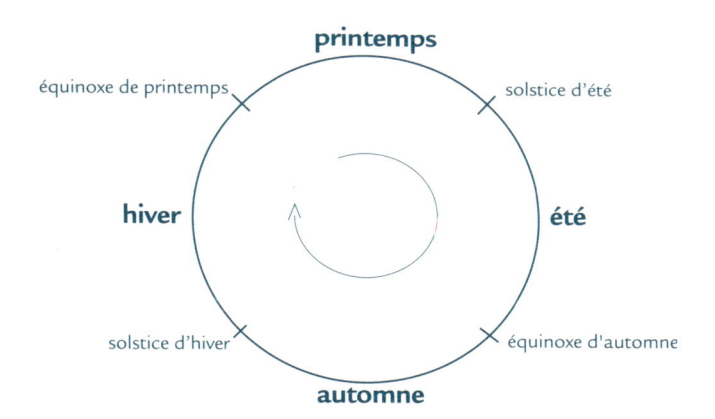

```
              printemps
équinoxe de printemps        solstice d'été

    hiver                         été

   solstice d'hiver        équinoxe d'automne
              automne
```

Équinoxe   jour = nuit
Solstice d'été   jour le plus long de l'année
Solstice d'hiver   jour le plus court de l'année.

L'erreur de Platon
La Terre n'est pas, comme le supposait si génialement Platon, parfaitement ronde. À cause de sa vitesse de rotation, elle est un ellipsoïde renflé à l'équateur et aplati aux pôles.
Son aplatissement exact est de 1/298,247.

Si la Terre avait 100 ans...

01/01/1900 .... naissance de la Terre
1910
1920
1923 .... apparition de la vie
1930
1940
1950
1960
1970
1980
1986 .... apparition de la première algue unicellulaire à noyau
1991 .... apparition de la vie sur la terre ferme
1994 .... apparition des conifères
1996 .... apparition des mammifères
1998 .... apparition des plantes à fleurs
01/07/1999 .... apparition du premier anthropoïde
31/12/1999
à 17 h .... apparition de l'*Homo sapiens*
31/12/1999
à 22 h 04 .... apparition de l'agriculture
01/01/2 000
à 0 h .... demain.

Dans le vent

Des vents forts et irréguliers génèrent la houle et les vagues.
Des vents réguliers génèrent les courants marins.

Humide au sud, plus sec au nord

Hémisphère sud :   81 % de mer
                    19 % de terre
Hémisphère nord :   61 % de mer
                    39 % de terre

Niveau zéro, altitude zéro

L'altitude zéro est le niveau de la mer et de l'océan. Il est déterminé là où les marées sont les moins fortes (à Marseille en France).
Le niveau zéro des cartes marines est le niveau de la mer lors de la plus basse des marées basses (choisi ainsi afin d'éviter les échouements des navires).
Ce qui n'est pas du tout la même chose.

Du simple au complexe

Notre monde évolue toujours du simple vers le complexe. L'univers est passé des particules élémentaires (quarks, protons, neutrons), aux atomes, aux molécules, aux étoiles, planètes et galaxies.
La vie est passée de la bactérie à la cellule à noyau, à l'algue verte, aux batraciens, reptiles, vertébrés puis mammifères, primates et *Homo sapiens*.
La cellule est passée de la cellule simple non différenciée à une multitude de cellules hyperspécialisées (comme le neurone) dépendantes des autres au sein d'un même organisme.

Répartition de l'eau sur terre

Océans	97,39 %
Inlandsis, glaciers	2,01 %
Eaux souterraines, humidité du sol	0,58 %
Lacs	0,02 %
Eau atmosphérique	0,001 %
Rivières	0, 000 1 %

Salinité

La salinité, qui exprime le nombre de grammes de sels dissous par kg d'eau de mer, est différente selon les mers du globe.

En moyenne	35°/oo
Méditerranée	39°/oo
Mer Rouge	41°/oo
Mer Caspienne	13°/oo

La quantité totale de sels dissous dans la mer représente l'équivalent d'une couche de 140 mètres de haut sur l'ensemble des terres émergées.

Tant d'eau et si peu à boire !

L'ensemble de l'eau de la planète représente environ 1 400 milliards de milliards de mètres cubes (1 m^3 = 1 000 litres).

Seulement 0,26 % de cette eau est disponible pour les êtres vivants.

0,014 % est disponible pour être utilisée comme eau potable.

Renouvellement de l'eau

L'eau océanique se renouvelle tous les 3 000 ans.
L'eau terrestre se renouvelle tous les 12 000 ans.

L'âge de glace

La dernière période glacière qu'a connue la Terre remonte à 18 000 ans.
La température terrestre était en moyenne inférieure de 4° à 5 °C par rapport à aujourd'hui.
L'eau stockée sous forme de glace a provoqué une baisse du niveau des mers de 120 à 130 mètres par rapport à aujourd'hui.
À l'opposé, la dernière période chaude, datant d'il y a 120 000 ans, avait provoqué une élévation du niveau de la mer d'environ 6 mètres par rapport à aujourd'hui.

Les 3 principaux gaz à « effet de serre »

CO_2 gaz carbonique
CH_4 méthane
H_2O vapeur d'eau

Effet de serre

La partie du rayonnement solaire qui est absorbée par la Terre est restituée par celle-ci sous forme de rayons infrarouges (chaleur) vers l'espace. Une partie de ces infrarouges est bloquée, absorbée par les gaz à effet de serre de l'atmosphère (CO_2, CH_4, H_2O) et renvoyée vers la Terre. C'est ce que l'on appelle l'*effet de serre*.
Sans gaz à effet de serre, la surface de la Terre, au lieu d'être en moyenne à une température de +15 °C, serait d'environ de – 15 °C.

Ténèbres marines

Sous l'eau, l'obscurité totale est atteinte à partir de 200 mètres de profondeur.

Unités de temps et d'espace

1 année : durée de la rotation de la Terre autour du Soleil
1 jour : durée de la rotation de la Terre sur elle-même
1 mètre : 40/1 000 000 partie de la longueur de l'équateur.

Long fleuve tranquille

Nil	6 670 km
Amazone	6 440 km
Yangtsé	6 380 km
Mississippi-Missouri	6 270 km
Loire	1 012 km
Rhône	812 km
Seine	776 km

Encore un cas où les chiffres, tous plus scientifiques les uns que les autres, diffèrent parfois de façon assez sensible selon la source, non pas dudit fleuve, mais de l'information. Nous avons donc ici choisi de donner le chiffre le plus fréquemment donné pour chaque fleuve.

Gros débit

Amazone	175 000 m^3/s
	(220 fois la Seine)
Zaïre	39 000 m^3/s
Yangtsé	34 000 m^3/s
Orénoque	30 000 m^3/s
Mississippi-Missouri	18 400 m^3/s
Rhône	2 200 m^3/s
Loire	810 m^3/s
Seine	780 m^3/s

Records de température

Température (°C)	Lieu	Date
− 89,2	Base russe de Vostok (Antarctique)	21 juillet 1983
− 36,7	Mouthe (Doubs, France)	1968
+ 58	El-Azizia (Libye)	Septembre 1922
+ 44	Toulouse (France)	Août 1923
+ 34,6	Éthiopie	Température moyenne annuelle
De − 67,7 à + 36,7	Verkhoïansk (Sibérie)	Amplitude annuelle
De − 6,7 à + 48,8	Browning (États-Unis)	Amplitude diurne maximale

Cryosphère

La *cryosphère* est l'ensemble de l'eau qui existe sur terre sous forme solide (glace et neige).

Elle représente 2 % des 1 400 millions de kilomètres cubes d'eau existant sur terre.

Elle occupe environ 11 % de la surface des continents.

Elle est située à 90 % en Antarctique, avec une couche pouvant atteindre 4 800 mètres d'épaisseur, et 10 % en Arctique, au Groenland.

Tectonique des plaques

L'enveloppe superficielle de la Terre est appelée la lithosphère. C'est la couche rigide, solide et relativement froide du globe terrestre. Épaisse d'environ 100 kilomètres, elle comprend la croûte terrestre en superficie et une partie du manteau supérieur en profondeur.

Elle est formée de 12 grandes plaques plus ou moins mobiles, qui se déplacent les unes par rapport aux autres à des vitesses de l'ordre de quelques centimètres par an, sous l'impulsion des mouvements internes de la couche sous-jacente, chaude et visqueuse.

Ce sont, de la plus grande à la plus petite, les plaques :

1 – Pacifique
2 – Eurasie
3 – Afrique
4 – Antarctique
5 – Inde-Australie
6 – Amérique du Nord
7 – Amérique du Sud
8 – Nazca
9 – Philippines
10 – Arabie
11 – Cocos
12 – Caraïbes

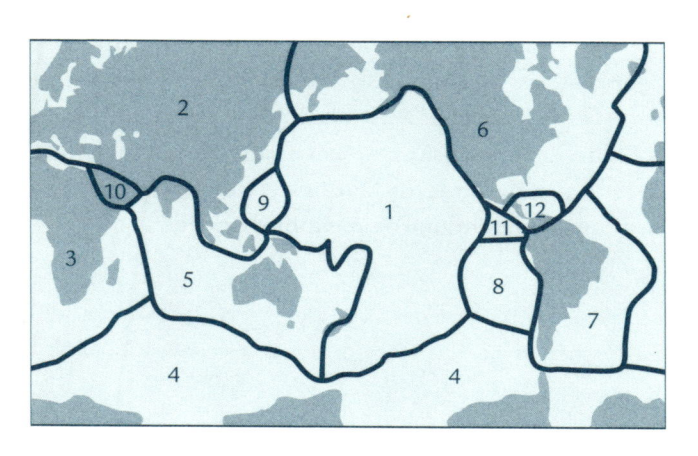

Ballet tectonique

Depuis quelques centaines de millions d'années, le ballet des plaques tectoniques à la surface de notre globe a vu se former et disparaître à plusieurs reprises des supercontinents et des grands océans aujourd'hui disparus. Rodinia, Pannotia et plus récemment la Pangée, qui s'est scindée en Laurasie (Eurasie, Scandinavie, Groenland et Amérique du Nord) et Gondwana (Amérique du Sud, Afrique, Australie, Inde, Madagascar et Antarctique), ont été les mégacontinents du monde, associés aux océans Lapétus, Rhéique ou Téthis.

Et pour l'avenir, en extrapolant les mouvements actuels des douze plaques du globe, il semble que la mer Méditerranée va disparaître, et que l'Australie va venir percuter l'Inde et la Chine. Un immense continent, constitué de l'Australie, de l'Afrique, de l'Inde, de l'Europe et de l'Asie, se formera dans une cinquantaine de millions d'années.

Couches de terre

Surface	0 km
Croûte	7 à 40 km
Manteau supérieur	400 km
Zone de transition	600 km
Manteau inférieur	2 900 km
Couche D"	3 000 à 3 100 km
Noyau liquide	5 100 km
Graine (noyau solide)	6 371 km
Centre de la Terre	

Voyage au centre de la Terre

Le *noyau terrestre*, qui est la partie la plus profonde de la Terre, représente :
- 16 % du volume total de la Terre
- 33 % de la masse totale de la Terre.

Il passe d'une température au sommet, à 2 900 km de profondeur, de 3 500 °C, à 6 000 °C au centre de la Terre.

Il est composé de :

– fer	82 %
– silicium	7 %
– nickel	5 %
– oxygène	4 %
– soufre	2 %

Pétrole, matière vivante « recyclée »

Les organismes vivants, à leur mort, deviennent de la matière organique, qui sédimente dans les sols argileux des mers et des lacs. Ces débris organiques sont dégradés progressivement par des bactéries anaérobies du sous-sol et transformés en une substance appelée le « kérogène ». Au fil des millions d'années, le kérogène s'enfonce dans l'écorce terrestre. Entre 2 et 10 kilomètres de profondeur règnent des températures de 50 °C à 300 °C. Le kérogène y est donc progressivement « cuit ». Les grandes molécules de matière organique sont cassées par la chaleur en molécules plus petites d'hydrocarbures.
En fonction de la nature du kérogène, selon le type de matière organique dont il est issu, et de la vitesse de cuisson, on obtient du charbon, du gaz naturel ou du pétrole.

De l'orage dans l'air

Un éclair jaillit du ciel. Quelques instants plus tard, le tonnerre gronde. Ce décalage s'explique par la différence de vitesse de propagation de la lumière et du son.
La lumière se déplace de façon constante à la vitesse de 300 000 kilomètres par seconde et le son à environ 340 mètres par seconde dans l'air, variant en fonction de

la température et de la pression.

Alors que la lumière de l'éclair nous parvient quasiment instantanément, le son, lui, couvre 1 kilomètre toutes les 3 secondes environ. Pour connaître la distance de l'orage, il suffit donc de compter le nombre de secondes entre l'éclair et le tonnerre, et de diviser par 3 pour obtenir cette distance en kilomètres.

Perte de temps

La vitesse de rotation de la Terre sur elle-même n'est pas constante. Elle diminue très légèrement mais de façon régulière avec le temps. Ainsi, la durée du jour augmente d'environ 2 millisecondes par siècle.

C'est très peu mais, à l'échelle de la planète, c'est sensible ; la durée du jour était de 22 heures il y a 400 millions d'années.

La cause de ce ralentissement est l'attraction qu'exerce la Lune sur la Terre (qui provoque également le phénomène des marées).

Caractéristiques techniques

Rayon à l'équateur	6 378,13 km
Rayon aux pôles	6 356,75 km
Périmètre à l'équateur	40 075,02 km
Périmètre aux pôles	4 000 7,86 km
Superficie	510 067 420 km²
Volume	1 083 210 000 000 km³

Masse	$5,973\ 6 \times 10^{24}$ kg
Masse de l'atmosphère	$5,13 \times 10^{18}$ tonnes
Masse volumique moyenne	5 515 kg/m³

Gravité en surface	9,780 m/s²
Vitesse de libération	11,186 km/s

Rotation	0,997 269 6 jour ou 23 h 56 min 4,084 s
Vitesse de rotation à l'équateur	1 674,38 km/h
Inclinaison de l'axe	23,4392°

Demi-grand axe orbital	149 597 887,5 km
Circonférence orbitale	924 375 700 km
Vitesse orbitale moyenne	29,783 km/s
Aphélie	152 097 701 km
Périhélie	147 098 074 km
Révolution	365,256 96 jours

Âge	environ 4 500 000 ans

Les 7 merveilles de la nature

Liste proposée par la célèbre chaîne de télévision américaine CNN (Cable News Network) en 1997 :
- Grande Barrière de corail, Australie
- Grand Canyon, États-Unis
- baie de Rio de Janeiro, Brésil
- mont Everest, Népal
- aurores boréales
- volcan Paricutín, Mexique
- chutes Victoria, Zimbabwe.

Cercles polaires

Les cercles polaires sont deux lignes imaginaires parallèles à l'équateur, l'une dans l'hémisphère nord et l'autre dans l'hémisphère sud, au-delà desquelles le soleil ne se lève pas au moment du solstice d'hiver et ne se couche pas au moment du solstice d'été.

C'est-à-dire qu'au-delà de ces lignes, le jour ou la nuit durent à certaines périodes 24 heures sur 24.

Leur latitude est de 66°33'.

Méridien d'origine

« Monsieur Aronnax, nous sommes par cent trente-sept degrés et quinze minutes de longitude à l'ouest...
— De quel méridien ? demandai-je vivement, espérant que la réponse du capitaine m'indiquerait peut-être sa nationalité.
— Monsieur, répondit-il, j'ai divers chronomètres réglés sur les méridiens de Paris, de Greenwich et de Washington. Mais en votre honneur, je me servirai de celui de Paris. »

Ce passage du célèbre roman de Jules Verne, *Vingt mille lieues sous les mers,* montre combien le choix du *méridien d'origine,* c'est-à-dire la longitude zéro de la planète Terre, a longtemps été discordant et cacophonique, chaque pays utilisant souvent son propre référentiel.
Ératosthène utilisait celui de Rhodes, Ptolémée celui des Canaries, les Espagnols voulaient qu'il passât par Tolède, les Portugais par l'île de Terceira et les Français par l'Observatoire de Paris. Lors d'une convention de mathématiciens européens assemblés à Paris en 1634, il avait même été question de le faire passer par l'île de Fer.
Le *méridien de Greenwich*, choisi car passant par l'Observatoire royal britannique, est le méridien de référence actuel, universellement adopté ; il a été institué en 1884, lors d'une conférence internationale.
La France ne s'y soumettra qu'en 1911.
Leur latitude est de 66°33.

À une seconde près

En raison de la diminution progressive de la vitesse de rotation de la Terre, due essentiellement à la dissipation d'énergie dans les phénomènes de marées, le temps universel (UT), lié à cette rotation, perd du temps. Depuis 1972, lorsque ce phénomène fait perdre plus de 0,9 seconde au temps universel, le 30 juin ou le 31 décembre de l'année concernée, la journée est alors allongée de 1 seconde, durant 86 401 secondes, au lieu des 86 400 habituelles. Ce décalage a déjà été effectué 23 fois, la dernière seconde ayant été ajoutée le 31 décembre 2005.

On ne connaît pas encore la date de la prochaine seconde supplémentaire ; en janvier 2008, le retard était de – 0,3 seconde.

Immensités désertiques

Antarctique	Antarctique	14 000 000 km²
Sahara	Afrique	9 000 000 km²
Groenland	Arctique	2 166 000 km²
Désert de Gobi	Asie	1 125 000 km²
Patagonie	Amérique	900 000 km²
Kalahari	Afrique	580 000 km²
Grand désert de sable	Australie	414 000 km²
Karakoum	Asie	350 000 km²
Désert du Taclamakan	Asie	344 000 km²
Désert du Namib	Afrique	310 000 km²
Thar	Asie	260 000 km²

Par comparaison, la France métropolitaine a une surface de 550 000 km².

Immensités lacustres

Lac Supérieur	Amérique du Nord	82 700 km²
Lac Victoria	Afrique orientale	68 100 km²
Lac Huron	Amérique du Nord	59 800 km²
Lac Michigan	Amérique du Nord	58 300 km²
Mer d'Aral	Asie centrale	39 000 km²
Lac Tanganyika	Afrique orientale	31 900 km²
Lac Baïkal	Sibérie	31 500 km²
Grand lac de l'Ours	Amérique du Nord	31 100 km²

Lac Malawi   Afrique orientale   30 800 km^2
Grand lac de l'Enclave Amérique du Nord 28 930 km^2
Lac Léman   Europe   582 km^2

Îles grandes

Groenland	2 175 600 km^2
Nouvelle-Guinée	785 000 km^2
Bornéo	736 000 km^2
Madagascar	596 000 km^2
Baffin	476 000 km^2
Sumatra	471 000 km^2
Grande-Bretagne	228 200 km^2
Honsh	228 000 km^2
Ellesmere	198 400 km^2
Victoria	192 700 km^2

Sommets

Les 10 plus hauts

Everest	8 846 m	Tibet – Népal
K2	8 611 m	Chine – Pakistan
Kangchenjunga	8 586 m	Inde – Népal
Lho-Tse	8 516 m	Tibet – Népal
Makalu	8 463 m	Tibet – Népal
Cho Oyu	8 201 m	Tibet – Népal
Dhaulagiri	8 167 m	Népal
Manaslu	8 163 m	Népal
Nanga Parbat	8 126 m	Pakistan
Annapurna	8 091 m	Népal

Les plus hauts des autres continents

Aconcagua	6 959 m	Chili – Argentine
McKinley	6 194 m	États-Unis
Kilimandjaro	5 895 m	Tanzanie
Elbrouz	5 642 m	Russie
Puncak Jaya	5 030 m	Océanie
Mont Vinson	4 897 m	Antarctique
Mont Blanc	4 808 m	France

L'altitude moyenne des terres émergées est de 840 mètres.

Il n'y a plus de saisons

Saison	Hémisphère nord	Hémisphère sud
Hiver	décembre, janvier, février	juin, juillet, août
Printemps	mars, avril, mai	septembre, octobre, novembre
Été	juin, juillet, août	décembre, janvier, février
Automne	septembre, octobre, novembre	mars, avril, mai

Glaçons

	Point de congélation	Densité maximale
Eau douce	0 °C	4 °C
Eau salée	− 1,9 °C	− 3,5 °C

Coup de froid

Un jour de gel, la température reste négative pendant toute la journée.
Un jour de gelée, la température passe d'un minimum négatif à un maximum positif.

Brrr...

On a toujours la sensation qu'il fait plus froid lorsqu'il y a du vent. Des scientifiques canadiens ont créé un indice, l'indice de refroidissement éolien, qui donne l'impression de froid à une température donnée, en fonction de la vitesse du vent. Par exemple, à une température de 0 °C et un vent de 80 km/h, l'impression de froid sera la même qu'à − 10 °C par temps calme. Nous aurons donc un indice de refroidissement de − 10.

	5 °C	0 °C	−5 °C	−10 °C	−15 °C	−20 °C	−25 °C	−30 °C	−35 °C
5 km/h	4	− 2	− 7	− 13	− 19	− 24	− 30	− 36	− 41
10 km/h	3	− 3	− 9	− 15	− 21	− 27	− 33	− 39	− 45
15 km/h	2	− 4	− 11	− 17	− 23	− 29	− 35	− 41	− 48
20 km/h	1	− 5	− 12	− 18	− 24	− 30	− 37	− 43	− 49
25 km/h	1	− 6	− 12	− 19	− 25	− 32	− 38	− 44	− 51
30 km/h	0	− 6	− 13	− 20	− 26	− 33	− 39	− 46	− 52
35 km/h	0	− 7	− 14	− 20	− 27	− 33	− 40	− 47	− 53
40 km/h	− 1	− 7	− 14	− 21	− 27	− 34	− 41	− 48	− 54
45 km/h	− 1	− 8	− 14	− 21	− 28	− 35	− 42	− 48	− 55
50 km/h	− 2	− 8	− 15	− 22	− 29	− 35	− 42	− 49	− 56
55 km/h	− 2	− 8	− 15	− 22	− 29	− 36	− 43	− 50	− 57
60 km/h	− 2	− 9	− 15	− 23	− 30	− 36	− 43	− 50	− 57
65 km/h	− 2	− 9	− 16	− 23	− 30	− 37	− 44	− 51	− 58
70 km/h	− 2	− 9	− 16	− 23	− 30	− 37	− 44	− 51	− 58
75 km/h	− 3	− 10	− 17	− 24	− 31	− 38	− 45	− 52	− 59
80 km/h	− 3	− 10	− 17	− 24	− 31	− 38	− 45	− 52	− 60

0 °C : gel des surfaces d'eau
– 27 °C : risque de gelures lors d'une exposition prolongée
– 35 °C : gelures possibles en 10 minutes
– 45 °C : annuler les activités de plein air
– 60 °C : danger ! gelures en moins de 2 minutes

De quoi perdre le nord

Le *nord géographique*, ou *nord vrai*, est le point de la surface du globe où passe l'axe de rotation de la Terre.
Le *nord magnétique*, donné par l'aiguille aimantée de la boussole, s'aligne sur les lignes de force du champ magnétique terrestre. Il est distant d'environ 1 300 km du *nord vrai*, situé quelque part dans les Territoires du Nord-Ouest canadiens et il change en permanence de position géographique.
La différence angulaire entre ces deux nord porte le nom de *déclinaison magnétique*, bien connue de tous les marins du monde. Elle diminue de 7 minutes par an.

Continents de légende

Nom	Emplacement présumé
Atlantide	Océan Atlantique ou mer Méditerranée
Lémurie	Océan Indien
Mu	Océan Pacifique
Terra Australis	Autour du pôle Sud et de l'Antarctique

Eau propre

Les 5 étapes du nettoyage des eaux usées :

Dégrillage	Passage de l'eau dans des grilles
	Arrêt des gros objets (canettes, feuilles, sacs plastique...)
Dégraissage et dessablage	Décantation dans un bac
	Montée des graisses en surface
	Descente des sables au fond du bac
Traitement biologique	Introduction de bactéries qui digèrent les matières organiques et forment une boue
Décantation	Descente de la boue au fond du bac
Clarification	Récupération des bactéries

Les plus grosses météorites trouvées

Lieu	Masse (tonnes)	Année de découverte
Hoba (Afrique du Sud)	60	1920
Ahnigito (Groenland)	36	1895
Chingo (Chine)	30	inconnue
Bacubirito (Mexique)	27	1863
Mbosi (Tanganyika)	25	1930
Armanty (Mongolie)	20	1898
Agpalilik (Groenland)	17	1963
Willamette (Oregon)	15	1902
Chapaderos (Mexique)	14	1852
Otumpa (Argentine)	13,6	1783
Mundrabilla (Australie)	12	1966
Morito (Mexique)	11	1600

Esthétique terrestre

Les trois plus puissants agents des changements de la face de la Terre :
- érosion
- volcanisme
- formations alluviales.

Rive droite, rive gauche

Chaque fleuve, chaque rivière, chaque cours d'eau a deux rives qui le bordent. Si vous regardez vers l'aval (dans le sens du courant),
  la rive droite est à droite,
  la rive gauche est à gauche.

Au vent mauvais

Quarantièmes rugissants *(roaring forties)*
Cinquantièmes hurlants *(howling fifties)*.
Ce sont les noms très imagés donnés aux deux zones de l'océan Austral comprises respectivement entre 40° et 50° et entre 50° et 60° de latitude sud. Ils évoquent dans les quarantièmes le bruit répété et constant que font les vagues déferlantes et dans les cinquantièmes le bruit du vent dans la mâture des navires qui y naviguent.

Cocotte-minute

De la surface au centre de la Terre, la température de notre planète passe de 15 à 6 000 °C et la pression de 1 013 hectopascals (1 atmosphère) à 365 gigapascals (365 millions d'atmosphères).

Méridien 180°

À l'opposé du méridien de Greenwich se trouve le *méridien 180°*, qui correspond globalement aussi à la ligne de changement de date. De part et d'autre de ce méridien, les deux terres qui en sont les plus proches sont les terres les plus à l'ouest et à l'est du monde.

Terre la plus à l'ouest	île Attu (Alaska)	52°51'N173°11'E
Terre la plus à l'est	île Caroline (Kiribati)	10°00'N150°25'W

Objets flottants identifiés

Les icebergs sont classés selon leur taille :

Dénomination	Hauteur	Longueur	Masse au-dessus de l'eau
Bourguignon *(growler)*	< à 1 m	< à 5 m	< à 120 t
Fragment d'iceberg *(bergy bit)*	1 à 5 m	5 à 15 m	120 à 5 400 t
Petit iceberg *(small)*	5 à 15 m	15 à 60 m	5,4 à 180 kt
Iceberg moyen *(medium)*	5 à 45 m	60 à 120 m	180 kt à 2 Mt
Gros iceberg *(large)*	45 à 75 m	120 à 200 m	2 à 30 Mt
Très gros iceberg	> à 75 m	> à 200 m	> à 30 Mt

Selon leur forme :

Dénomination	Caractéristiques
Tabulaire *(tabular)*	plat, longueur supérieure à 5 fois la hauteur
Trapu *(blocky)*	plat, longueur comprise entre 3 et 5 fois la hauteur
Biseauté *(wedge)*	vertical d'un côté, en pente douce de l'autre
Érodé *(drydock)*	en pente douce et surface irrégulière
Pointu *(pinnacled)*	une ou plusieurs pointes de grande hauteur
Dôme *(dome)*	surface douce et arrondie (iceberg basculé)

B-15, c'est le nom du plus gros iceberg connu de mémoire d'homme. Il s'est détaché de la barrière de Ross en Antarctique en 2000 et possédait une superficie de 11 000 km², soit la surface de la Jamaïque. Brisé en deux en novembre 2002, le fragment le plus important, appelé « iceberg B-15A », mesurait encore 3 000 km² fin 2004 et restait le plus gros objet flottant du monde. Il a percuté le continent antarctique le 10 avril 2005 et s'est encore divisé en plusieurs morceaux.

Géographie de l'extrême

Le mont Rainier, dans l'État de Washington, aux États-Unis, a reçu 28,50 m de neige lors de l'hiver 1971-1972.
Il est tombé en juin 2003 au Nebraska un grêlon de 18 cm de diamètre et de 50 cm de circonférence.
À Terre-Neuve, au Canada, il y a plus de 120 jours de brouillard maritime par an.
Le 22 septembre 1992, la France a subi 62 000 impacts de foudre en 24 heures.

Les chutes d'eau de Salto Angel, au Venezuela, ont une hauteur de 979 m.
Le lac Baïkal, en Sibérie, a une profondeur de 1 519 mètres.
L'archipel des Tonga se déplace vers l'est de 24 cm par an.
La taïga de l'ex-URSS est une forêt de 15 millions de km², soit 30 % de la totalité des forêts du monde et 4 fois la forêt amazonienne.

Le mont Nanga Parbat, au Pakistan, qui culmine à 8 126 m, augmente son altitude de 8 à 10 mm par an.
La chaîne montagneuse des Alpes, en Europe, augmente son altitude moyenne de 1 à 2 mm par an.

La plus basse pression jamais enregistrée est de 870 hPa (hectopascals), mesurée le 12 octobre 1979 dans l'œil du typhon Tip, par 17 °nord et 138 °est.

La plus haute pression jamais enregistrée est de 1 083,8 hPa, mesurée le 31 décembre 1968 à Agata en Sibérie.

Dans le désert d'Atacama, au Chili, il tombe seulement 0,80 mm d'eau par an.
L'ensoleillement minimal se situe dans les îles Orcades du Sud, dans l'Antarctique, avec 478 heures d'ensoleillement par an, sur les 4 440 possibles.
L'ensoleillement maximal se situe à Yuma dans l'Arizona, avec 4 040 heures d'ensoleillement par an.

À Macao, en Chine, on dénombre 17 811 habitants par km^2.
Dans les îles Malouines, en Argentine, la densité humaine est seulement de 0,5 habitant par km^2.
Entre la marée haute et la marée basse, le marnage de la baie de Fundy, au Canada, est de 21,60 m.
La mer Morte, au Proche-Orient, se trouve à − 394 m d'altitude.
On a pu mesurer le 3 mai 1999 des vents de 486 km/h dans l'État de l'Oklahoma, aux États-Unis.
Dans le parc de Yellowstone, aux États-Unis, le Steamboat Geyser jaillit à 90 m de hauteur.

Le Gulf Stream déplace chaque seconde plus de 100 millions de m^3 d'eau au large de Terre-Neuve.
Toutes les rivières du monde réunies déplacent chaque seconde moins de 1 million de m^3 d'eau.

Dans l'eau, la pression augmente de 1 atmosphère tous les 10 mètres.
Un quart de l'eau de pluie n'arrive jamais à la mer.

Parfaite nature et nombre d'or

Le *nombre d'or*, appelé aussi par certains « divine proportion », est souvent associé à la beauté idéale, à la perfection. Il a souvent été dit que ce nombre, beaucoup utilisé en architecture, est partout présent dans la nature. Cruelle légende ; il n'est en fait lié de façon certaine qu'à trois créations naturelles :
- les écailles de pommes de pin
- la fleur de tournesol
- le cristal de quartz.

Diamétralement opposés

Chaque point du globe est en correspondance avec son antipode, qui est le point diamétralement opposé de la surface terrestre.

Seulement 4 % des points antipodaux sont tous les deux sur la terre ferme.
46 % sont tous les deux sur la mer.
50 % sont mixtes.

L'antipode de Cherbourg (France) est un petit archipel d'îles situé au sud de la Nouvelle-Zélande qui s'appelle les îles Antipodes.

Terres de la Terre

Sur la superficie totale des terres émergées du globe, il y a :
Forêts, bois	27,5 %
Cultures	19,2 %
Zones arbustives	14,2 %
Prairie, savane	14,0 %
Sols nus	12,5 %
Neige, glace	11,4 %
Zones humides	0,9 %
Zones urbaines	0,2 %

Mer ou océan ?

Les trois caractéristiques des océans :
- grande profondeur (3 800 mètres en moyenne)
- grande superficie
- rivages appartenant à des continents différents.

Toutes les autres étendues d'eaux marines sont appelées « mers ».

Les belles mers

Nom	Caractéristique	Exemples
Épicontinentale ou bordière	Petite partie d'un océan	Manche Méditerranée Golfe Persique
Marginale	Séparée de l'océan par un arc insulaire volcanique	Mer du Japon Golfe du Mexique Mer des Caraïbes
Intérieure	Communiquant avec une autre mer mais pas avec un océan	Mer Baltique Mer d'Azov
Fermée	Ne communiquant ni avec une mer ni avec un océan	Mer Caspienne Mer d'Aral

Amers et azimuts

Rose des vents

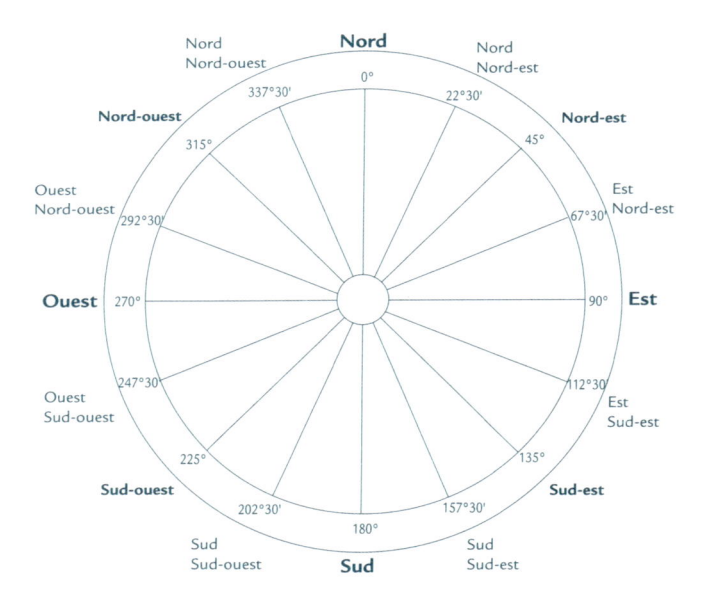

Nord	0°
Nord Nord-est	22°30'
Nord-est	45°
Est Nord-est	67°30'
Est	90°
Est Sud-est	112°30'
Sud-est	135°
Sud Sud-est	157°30'
Sud	180°
Sud Sud-ouest	202°30'
Sud-ouest	225°
Ouest Sud-ouest	247°30'
Ouest	270°
Ouest Nord-ouest	292°30'
Nord-ouest	315°
Nord Nord-ouest	337°30'

À la source

Les sources sont les points d'apparition de l'eau à la surface du sol. Elles peuvent être :
de déversement, de débordement, de trop-plein, d'émergence, de dépression, d'étranglement, artésienne, jaillissante, diaclasienne, karstique, vauclusienne, exsurgente, résurgente, constante, pérenne, saisonnière, intermittente, temporaire, accidentelle, de coteau, littorale, submergée, sous-fluviale, sous-lacustre, sous-marine, chaude, thermale, hypotherme, hypertherme, salée, séléniteuse, ferrugineuse, sulfureuse, minérale, inconstante, pétrifiante.

Terre
littéraire

*« Car je fais dire aux autres ce que je ne puis
si bien dire, tantôt par faiblesse de mon
langage, tantôt par faiblesse de mon sens. »*
MONTAIGNE

La Terre en définition

Nom féminin (lat. *terra*)
1. Planète du système solaire habitée par l'homme.
2. Surface de cette planète ; ensemble des lieux habités, le monde.
3. Séjour des vivants (par opposition à l'au-delà, à la mort).
4. Surface solide où l'homme marche, se déplace, vit, construit, etc. ; sol.
5. Partie solide et émergée du globe (par opposition aux étendues d'eau, à l'air).

Laisse de pleine mer

Après la marée haute, lorsque la mer se retire, elle abandonne sur le sable, à l'endroit le plus haut où elle est montée, une ligne jalonnée de débris divers, des algues, des morceaux de bois, des bouteilles plastique et autres détritus. Cette ligne porte le joli nom de *laisse de pleine mer*.

Terre littéraire

Le monde d'Aristote

Selon le philosophe grec Aristote (384-322 av. J.-C.), le monde se divisait en deux parties distinctes.
Le monde en dessous de la Lune, la Terre, où tout bouge, évolue, vit, meurt, se transforme, le monde des hommes.
Et le monde au-delà de la Lune, l'espace, où tout est éternel, immuable, parfait, le monde des dieux.

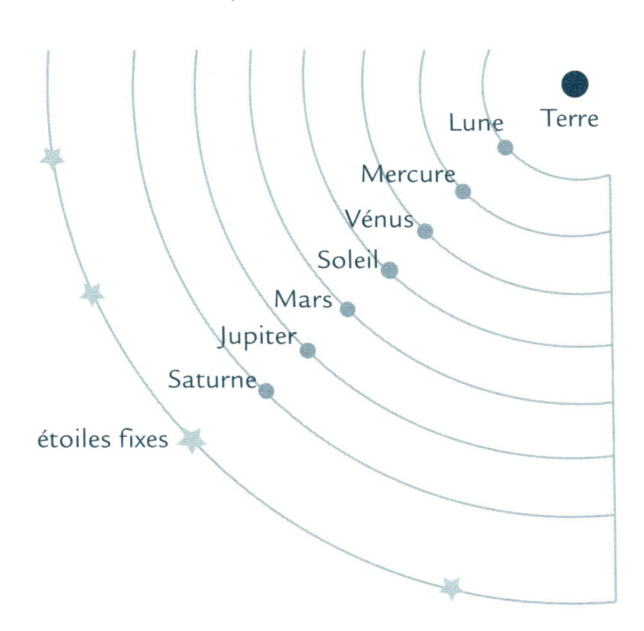

Quelques antonymes

nageur	necton – plancton	non nageur
perd ses feuilles	caducifolié – sempervirent	garde ses feuilles
jour = nuit	équinoxe – solstice	jour le plus long ou le plus court
le plus loin du Soleil	aphélie – périhélie	le plus près du Soleil
courant montant	flot – jusant	courant descendant
en dessous	aval – amont	au-dessus
versant sud	adret – ubac	versant nord
haute pression	anticyclone – dépression	basse pression
pôle Nord	Arctique – Antarctique	pôle Sud
verticale ascendante	zénith – nadir	verticale descendante
concrétion descendante	stalactite – stalagmite	concrétion montante
du lever au coucher	jour – nuit	du coucher au lever
hémisphère nord	boréal – austral	hémisphère sud
soleil levant	orient – occident	soleil couchant
est ou ouest	longitude – latitude	nord ou sud
latitude	parallèle – méridien	longitude
Lune-Terre-Soleil	opposition – conjonction	Terre-Lune-Soleil
astres perpendiculaires	quadrature – syzygie	astres parallèles
le plus loin de la Terre	apogée-périgée	le plus près de la Terre
au fond de l'eau	benthos – pelagos	dans l'eau

cours d'eau temporaire	oued – nahr	cours d'eau permanent
terre cultivée	ager – saltus	terre inculte
lever du soleil	aurore – crépuscule	coucher du soleil

Eau jeune

Il ne faut pas confondre *eau juvénile* et *fontaine de jouvence*. La fontaine de jouvence est une fontaine mythique qui donne à son eau la propriété miraculeuse de rajeunir celui qui en boit.

L'eau juvénile est l'eau qui provient des couches profondes de l'écorce terrestre, issue directement des réactions chimiques qui s'y produisent et qui n'a donc pas encore subi le cycle terrestre de l'eau, évaporation, condensation et stockage.

Stalactite ou stalagmite ?

Les stalacTites Tombent, les stalagMites Montent.

# La Terre de Voltaire

Le *Dictionnaire philosophique* est une œuvre de François-Marie Arouet, dit Voltaire (1694-1778), publiée en 1764, dont voici un extrait pour le mot « Terre ».

« *Terre*, s.f., proprement le limon qui produit les plantes ; qu'il soit pur ou mélangé, n'importe : on appelle *terre vierge* quand elle est dégagée, autant qu'il est possible, des parties hétérogènes : si elle est aisée à rompre, peu mêlée de glaise et de sable, c'est de la *terrefranche ;* si elle est tenace, visqueuse, c'est de la *terre glaise*. [...]
Terres, par extension, le globe terrestre ou le globe terraqué. *La Terre*, petite planète qui fait sa révolution annuelle autour du Soleil en trois cent soixante-cinq jours six heures et quelques minutes, et qui tourne sur elle-même en vingt-quatre heures. C'est dans cette acception qu'on dit *mesurer la Terre*, quand on a seulement mesuré un degré en longitude ou en latitude. *Diamètre de la Terre, circonférence de la Terre, en degrés, en lieues, en milles et en toises.*
Les climats de la Terre, la gravitation de la Terre sur le Soleil et les autres planètes, l'attraction de la Terre, son parallélisme, son axe, ses pôles.
La Terre ferme, partie du globe distinguée des eaux, soit continent, soit île. *Terre ferme*, en géographie, est opposée à *île ;* et cet abus est devenu usage.
On entend aussi par *terre ferme* la Castille-Noire, grand

pays de l'Amérique méridionale ; et les Espagnols ont encore donné le nom de *Terre ferme particulière* au gouvernement de Panaina.

Magellan entreprit le premier le tour de la Terre, c'est-à-dire du globe.

Une partie du globe se prend au figuré pour toute la Terre : on dit que les anciens Romains avaient conquis la Terre, quoiqu'ils n'en possédassent pas la vingtième partie. C'est dans ce sens figuré, et par la plus grande hyperbole, qu'un homme connu dans deux ou trois pays est réputé célèbre dans toute la Terre. *Toute la terre parle de vous* ne veut souvent dire autre chose, sinon, quelques bourgeois de cette ville parlent de vous.

« Or donc ce de La Serre,
Si bien connu de vous et de toute la terre. »
Regnard, *Le Joueur*, acte III, scène IV.

La terre et l'onde, expression trop commune en poésie, pour signifier l'empire de la terre et de la mer.

« Cet empire absolu sur la terre et sur l'onde,
Ce pouvoir souverain que j'ai sur tout le monde. »
Corneille, *Cinna*, acte II, scène I.

... et celle de Diderot et d'Alembert

Édité de 1751 à 1772, sous la direction de Denis Diderot (1713-1784) et Jean le Rond d'Alembert, l'*Encyclopédie ou dictionnaire raisonné des sciences, des arts et des métiers* est un régal d'apprentissage de notre vision de la Terre au XVIIIe siècle :

« TERRE, en géographie & en physique, se dit principalement de ce globe que nous habitons. [...]
On distingue dans la *terre* trois parties ou régions ; savoir, 1° La partie extérieure, c'est celle qui produit les végétaux, dont les animaux se nourrissent ; 2° La partie du milieu ou la partie intermédiaire qui est remplie par les fossiles, lesquels s'étendent plus loin que le travail de l'homme ait jamais pu pénétrer ; 3° La partie intérieure ou centrale qui nous est inconnue ; quoique bien des auteurs la supposent d'une nature magnétique, que d'autres la regardent comme une masse ou sphère de feu ; d'autres comme un abîme ou amas d'eau, surmonté par des couches de Terre ; & d'autres enfin, comme un espace creux & vide, habité par des animaux qui ont, selon eux, leur soleil, leur lune, leurs plantes, & toutes les autres choses qui leur seraient nécessaires pour leur subsistance. Il y en a aussi qui divisent le corps du globe en deux parties, la partie extérieure qu'ils appellent *écorce*, & qui renferme toute l'épaisseur des couches solides, & l'intérieur

qu'ils appellent *noyau*, qui est d'une nature différente de la première, & qui est remplie, suivant leur sentiment, par du feu, de l'eau ou quelqu'autre matière que nous ne connaissons point.

La partie extérieure du globe, ou bien nous présente des inégalités, comme des montagnes & des vallées, ou est plane & de niveau, ou creusée en canaux, en fentes, en lits, & c. pour servir aux mers, aux rivières, aux lacs, & c.

La plupart des physiciens supposent que ces inégalités sont provenues d'une rupture ou bouleversement des parties de la terre, laquelle a eu pour cause des feux ou des eaux souterraines.

Burnet, Stenon, Woodward, Whiston & d'autres supposent, que dans son origine & dans son état naturel, la *terre* a été parfaitement ronde, unie & égale ; & c'est principalement du déluge qu'ils tirent l'explication de la forme inégale & irrégulière que nous lui voyons ; sur quoi voyez *Déluge, Tremblement de terre*, & c. [...]

Les arguments qu'on a allégués contre le mouvement de la *terre*, sont faibles ou frivoles. On objecte :

1° Que la *terre* est un corps pesant & par conséquent, ajoute-t-on, peu propre au mouvement.

2° Que si la *terre* tourne autour de son axe en vingt-quatre heures, ce mouvement devrait renverser nos maisons, nos bâtiments, & c.

3° Que les corps ne tomberaient pas précisément sur les endroits qui sont au-dessous d'eux lorsqu'on les laisse

échapper. Une balle, par exemple, qu'on laisserait tomber perpendiculairement à *terre*, tomberait en arrière de l'endroit sur lequel elle aurait été avant de tomber.
4° Que ce sentiment est contraire à l'écriture.
5° Qu'il contredit nos sens qui nous représentent la *terre* en repos, & le soleil en mouvement. [...]
En un mot, supposer la *terre* en repos, c'est confondre & détruire tout l'ordre & toute l'harmonie de l'univers ; c'est en renverser les lois ; c'est en faire combattre toutes les parties les unes avec les autres ; c'est vouloir enlever au créateur la moitié de la beauté de son ouvrage, & aux hommes le plaisir de l'admirer. En effet, on rend par là inexplicables & inutiles les mouvements des planètes ; & cela est si vrai, que ceux des astronomes modernes qui avaient soutenu cette opinion avec le plus de zèle, ont été obligés de l'abandonner lorsqu'ils ont voulu calculer les mouvements des planètes. [...]
Terre (chimie et physique). C'est un corps solide qui sert de base à tous les autres corps de la nature. En effet, toutes les expériences & les analyses de la chimie, lorsqu'elles sont poussées jusqu'où elles peuvent aller, nous donnent une *terre* ; c'est là ce qui a fait regarder la *terre* comme un principe élémentaire des corps ; mais c'est une erreur que de la regarder comme un élément, ou comme un corps parfaitement simple ; toutes les *terres* que nous pouvons apercevoir par nos sens sont dans un état de combinaison & de miction, & quelquefois d'agrégation, & même de surcom-

position. Ce sont les différentes combinaisons de la *terre*, ses différentes élaborations & atténuations, qui leur donnent des propriétés si variées, & quelquefois si opposées.[...]

Terre (mythol.). [...] Les philosophes les plus éclairés du paganisme croyaient que notre âme était une portion de la nature divine, *divinoe particulam auroe*, dit Horace. Le plus grand nombre s'imaginait que l'homme était né de la *terre* imbibée d'eau & échauffée par les rayons du soleil. Ovide a compris l'une & l'autre opinion dans ses beaux vers où il dit que l'homme fut formé, soit que l'auteur de la nature l'eût composé de cette semence divine qui lui est propre, ou de ce germe renfermé dans le sein de la *terre*, lorsqu'elle fut séparée du ciel.

Magnification

« ... Regarde le ciel, il te voit,
Embrasse la terre, elle t'aime... »
George Sand

Terre littéraire

Les 25 neiges inuits

qank	neige en train de tomber
masak	neige mouillée en train de tomber
qannialaaq	neige très légère en train de tomber
qanniapualuk	neige extrêmement légère en train de tomber dans un air immobile
isiriartaq	neige jaunâtre et rougeâtre en train de tomber
mannguq	neige fondue
matsaaq	neige à moitié fondue
aumannaq	neige commençant à fondre
sirmiq	neige fondue servant de colle pour l'igloo
illusaq	neige pour les igloos
aniu	neige propre pour faire de l'eau à boire ou de cuisson
aqilluqaaq	neige douce
sitilluqaaq	neige dure
kinirtaq	neige dure et compacte
katakartanak	neige craquante
qiqumaaq	neige croûtée
qirsuqaaq	neige qui a gelé
kavirisirlaq	neige durcie par la pluie et le gel
qanittaq	neige tombée récemment
aputi	neige sur le sol
maujaq	neige douce sur le sol

pukak	neige cristalline sur le sol
piirturiniq	fin manteau de neige déposé sur un objet
natiruvaaq	fine neige transportée par le vent
minguliq	fin manteau de neige poudreuse

Les racines de la Terre

Angleterre, enterrer, fumeterre, parterre, Méditerranée, déterrer, souterrain, terril, terre-plein, terre-neuvas, terrasser, terrain, terreau, territoire, terreux, terricole, terrine, terroir, terrier, terrien, terrasse, terrarium, terraqué, terrage, se terrer, tellurique, atterrir, cul-terreux, enterre.

Synonymes

Planète – globe – sphère – géoïde – monde – ici-bas vallée des larmes – sol – astre.

Les voyages extraordinaires de Jules Verne

Cinq semaines en ballon ; *Les Aventures du capitaine Hatteras* ; *Voyage au centre de la Terre* ; *De la Terre à la Lune* ; *Les Enfants du capitaine Grant* ; *Vingt mille lieues sous les mers* ; *Autour de la Lune* ; *Une ville flottante* ; *Aventures de trois Russes et de trois Anglais dans l'Afrique australe* ; *Le Pays des fourrures* ; *Le Tour du monde en quatre-vingts jours* ; *L'Île mystérieuse* ; *Le Chancellor* ; *Michel Strogoff* ; *Hector Servadac* ; *Les Indes noires* ; *Un capitaine de quinze ans* ; *Les Cinq Cents Millions de la Bégum* ; *Les Tribulations d'un Chinois en Chine* ; *La Maison à vapeur* ; *La Jangada* ; *L'École des Robinsons* ; *Le Rayon vert* ; *Kéraban le Têtu* ; *L'Étoile du Sud* ; *L'Archipel en feu* ; *Mathias Sandorf* ; *Robur le Conquérant* ; *Un billet de loterie* ; *Nord contre Sud* ; *Le Chemin de France* ; *Deux ans de vacances* ; *Famille sans nom* ; *Sans dessus dessous* ; *César Cascabel* ; *Mistress Branican* ; *Le Château des Carpathes* ; *Claudius Bombarnac* ; *P'tit-Bonhomme* ; *Mirifiques Aventures de maître Antifer* ; *L'Île à hélice* ; *Face au drapeau* ; *Clovis Dardentor* ; *Le Sphinx des glaces* ; *Le Superbe Orénoque* ; *Le Testament d'un excentrique* ; *Seconde patrie* ; *Le Village aérien* ; *Les Histoires de Jean-Marie Cabidoulin* ; *Les Frères Kip* ; *Bourses de voyage* ; *Un drame en Livonie* ; *Maître du monde* ; *L'Invasion de la mer* ; *Le Phare du bout du monde* ; *Le Volcan d'or* ; *L'Agence Thompson and Co* ; *La Chasse au météore* ; *Le Pilote du Danube* ; *Les Naufragés du Jonathan* ; *Le Secret de Wilhelm Storitz* ; *L'Étonnante Aventure de la mission Barsac*.

Terre littéraire

La terre met sa belle robe...

Tout est pris d'un frisson subit.
L'hiver s'enfuit et se dérobe.
L'année ôte son vieil habit,
La terre met sa belle robe.

L'arbre est coquet ; parmi les fleurs
C'est à qui sera la plus belle,
Toutes étalent leur couleur,
Et les plus laides ont du zèle.

On voit rôder l'abeille à jeun,
La guêpe court, le frelon guette.
À tous ces buveurs de parfum
Le printemps ouvre sa guinguette.

La mouche boit le vermillon
Et l'or dans les fleurs demi-closes,
Et l'ivrogne et le papillon,
Et les cabarets sont les roses.

Victor Hugo
L'Art d'être grand-père, 1877

Terre littéraire

La Terre dans tous ses états

Aussi bien la Terre est notre planète, mais elle en est aussi certaines de ses parties, selon qu'elle est ferme, de Feu, de Baffin, incognita, de nos ancêtres, Adélie, Neuve, sainte, haute, basse, sacrée, natale, lointaine ; ou qu'au pluriel elles sont australes, émergées, vierges, arctiques, étrangères, domaniales ; ou encore que leur sol est une terre de bruyère, glaise, d'ombre, ferme, rouge, noire, arable, à foulon, de Sienne, argileuse, végétale, avant d'être cuite.

Expressions

Terre à terre
Mettre plus bas que terre
Remuer ciel et terre
Six pieds sous terre
Avoir les pieds sur terre
Aux quatre coins de la terre
Gagner la terre
Ventre à terre
Pied-à-terre

Paroles de sagesse

« Nous [les humains] sommes la dernière des grandes catastrophes, tant pour les animaux que pour les végétaux. » Jean-Marie Pelt

« La Terre est infestée d'êtres humains » Hubert Reeves

« La Terre ne nous appartient pas ; elle nous est prêtée par nos enfants. » Proverbe indien

« Quand on la voit de haut, il est impossible de ne pas être complètement dépassé par la beauté, mais aussi par la fragilité de ce monde. Cette Terre, elle est unique, il n'y en a qu'une ! Sept milliards et quelques d'habitants, nous la partageons tous. Ça n'a rien à voir avec où on est né, quelle langue on parle, quelle religion on préfère... Nous sommes tous dans le même vaisseau spatial, en route vers le futur, et le vaisseau spatial s'appelle la Terre. »
Julie Payette (astronaute canadienne)

« La terre est le probable paradis perdu. »
Federico García Lorca

« La terre est devenue trop petite pour la méchanceté des hommes. »
Maurice Chapelan, *Amour Amour*

Terre vivante

« Si l'abeille venait à disparaître, l'homme n'aurait plus que quelques années à vivre. »
Albert Einstein

« Mon Dieu, la vie est là,
Simple et tranquille. »
Paul Verlaine

1ʳᵉ **forme de vie sur terre**

Algue bleue, dite aussi « cyanobactérie ».

Les 4 origines possibles de la vie

- Le hasard
- L'intervention divine
- L'évolution des molécules
- L'origine extraterrestre

La vie en tube

En 1952, un jeune chimiste américain de 25 ans, Stanley Miller (1930-2007), tente de recréer les conditions terrestres d'avant la vie, il y a 4 milliards d'années.

Dans un récipient hermétiquement fermé, il fabrique l'atmosphère d'alors avec du gaz carbonique, de l'ammoniac, de l'hydrogène, du méthane et de la vapeur d'eau. Il ajoute de l'eau pour simuler un océan, chauffe l'ensemble et provoque des étincelles pour simuler les éclairs, qui parcouraient le ciel en permanence à cette époque.

Après plusieurs jours de ce traitement, une substance

rougeâtre apparaît au fond du bocal. Ce sont des molécules d'acides aminés, qui n'existent que chez les êtres vivants et qui sont le constituant principal des protéines.

L'algue tueuse

Petite algue verte, la *Caulerpa taxifolia* est une souche mutante de la caulerpe sauvage tropicale, probablement obtenue en aquarium. Elle a été donnée à l'aquarium de Stuttgart, qui en donne à celui de Nancy, lequel en donne à celui de Monaco, qui en laisse échapper dans la mer Méditerranée en 1984. Elle est repérée pour la première fois à cette date sur environ 1m² au niveau du rocher de Monaco. Elle couvre aujourd'hui plus de 13 000 hectares, soit 130 millions de m², sur plus de 180 km de côtes et n'a aucun ennemi naturel qui pourrait limiter son expansion. Elle provoque la mort de la faune et de la flore locales indigènes.
La seule solution pour la réguler serait d'introduire un consommateur naturel, une limace de mer des Caraïbes. Malheureusement, celle-ci pourrait elle aussi avoir d'autres répercussions, non moins dangereuses, sur l'écosystème local.

Le sexe, précurseur des OGM

Avant, une cellule se divisait et donnait deux cellules parfaitement identiques à la première. Avec l'apparition du sexe, deux cellules se réunissent pour en donner une troisième, génétiquement différente des deux premières. Ainsi, grâce à l'« invention » de la sexualité, la nature a permis le mélange des gènes et l'apparition de la diversité du vivant.

Ecce Homo

Erectus, habilis, sapiens, ergaster, rudolfensis, floresiensis, neandertalensis.

Rien ne se perd, tout se transforme

Tout être vivant mange et sera mangé. Les plantes se nourrissent de sels minéraux tirés du sous-sol. Elles sont mangées par les animaux herbivores, eux-mêmes mangés par les animaux carnivores. Ceux-ci se mangent parfois entre eux et le sont toujours par les nécrophages, qui rejettent des sels minéraux. C'est la *chaîne alimentaire*.

Rôles des forêts

Ressources naturelles (construction et chauffage)
Prévention des inondations
Régulation des climats
Stockage du carbone
Refuge et lieu de vie
Pharmacie
Stabilisation du sol
Fabrication de l'oxygène

Forêts

Primaires, secondaires, sempervirentes, conisylves, laurifoliées, durisylves, caducifoliées, estisylves, mixtes, denses, claires, à canopée fermée, à canopée ouverte, boréales, tempérées, méditerranéennes, sclérophylles, tropicales, tropophylles.

Strates de végétation

Strate arborée (ou arborescente supérieure)	arbres de plus de 20 mètres
Strate arborescente (ou arborescente inférieure)	arbres de 10 à 20 mètres
Strate arbustive	arbustes et buissons de 2 à 10 mètres
Strate sous-arbustive	arbrisseaux de 50 centimètres à 2 mètres
Strate herbacée	plantes inférieures à 50 centimètres
Strate muscinale (ou cryptogamique)	plantes sans racines

Biodiversité

Il existe sur terre de 3 à 30 millions d'espèces vivantes différentes.

Interaction biotique

Dans la nature, il existe différents niveaux de communication entre les êtres vivants. L'interaction biotique s'applique à caractériser la nature de ces rapports. Elle comporte 7 niveaux :
- Commensalisme : interaction dont un seul est bénéficiaire
- Compétition : concurrence pour un même objectif
- Mutualisme : association bénéfique mais non obligatoire
- Parasitisme : interaction au détriment de l'un des de
- Prédation : un chasseur et un chassé
- Symbiose : association bénéfique et obligatoire
- Télétoxie : interaction par émission commune de substances toxiques (chez les végétaux).

Ce principe existe entre deux êtres vivants en général. Il peut donc être raisonnablement appliqué en particulier entre deux humains, ce qui le rend encore plus intéressant.

Le plus gros animal vivant

Le rorqual bleu, baleine mysticète, sous-ordre des cétacés, ordre des mammifères, peut peser plus de 100 tonnes (soit plus de 1 400 humains) et mesurer plus de 30 mètres de long (environ 12 étages).

Taille arborée

Arbrisseau — de 1 à 4 mètres
Arbuste — de 4 à 7 mètres
Arbre — plus de 7 mètres

Immigrés

Plante	Origine
Eucalyptus	Australie
Mimosa	Australie
Oranger	Chine
Citronnier	Chine
Géranium	Afrique du Sud
Pétunia	Pérou
Agaves	Mexique
Tournesol	Amérique du Nord
Blé	Proche-Orient
Lin	Proche-Orient

Les 4 assassins du corail

Dynamitage pour la pêche
Pollution par les eaux usées
Prélèvements pour la bijouterie et les collections
Réchauffement des eaux, lié au réchauffement climatique

Défense végétale

Certains arbres, dont le peuplier, l'acacia ou le chêne, sont capables, lorsqu'ils sont agressés par des herbivores, des rongeurs ou des insectes, de produire très rapidement dans leurs feuilles des substances indigestes, les tanins, qui obligent l'animal à suspendre son festin et à changer de plant, avant la destruction totale de ses feuilles.

On ne sait toujours pas par quel mécanisme cette réaction s'opère.

Mais le plus incroyable est que les arbres voisins de l'agressé produisent également ces tanins après quelques minutes. Il y a donc eu émission d'un signal et d'une information entre les arbres. Ce message se transmet en fait par l'intermédiaire d'un gaz, l'éthylène, que l'arbre sécrète dans l'air, pour avertir ses congénères du danger.

Le rouge et le vert

L'hémoglobine animale et la chlorophylle végétale sont deux molécules presque identiques, qui ne diffèrent que par le métal dont elles sont constituées :
– le fer pour l'hémoglobine (rouge)
– le magnésium pour la chlorophylle (vert).

Domestiquer le blé, oui mais...

Ramasser différents épis sauvages dans la nature environnante.
Semer les graines à la période adéquate.
Quand la majorité des épis est mûre, aux alentours du mois de juillet, récolter.
Semer la récolte ainsi effectuée.
Récolter à nouveau, semer la récolte, récolter, semer...

Ainsi, au fil des ans, a été opérée une sélection, une domestication. Les blés non adaptés à la méthode de récolte et au climat local sont éliminés automatiquement :
- les graines qui ne germent pas tous les ans, puisque l'année où elles ne germent pas, elles ne sont pas récoltées ;
- les graines précoces, mûres avant les autres, tombées avant la récolte ;
- les graines issues d'une plante à tige fragile, ayant cassé avant la récolte ;
- les graines qui se détachent facilement de l'épi et qui tombent avant la récolte à cause du vent ;
- les graines dont les épis produisent moins diminuent en nombre de récolte en récolte pour finalement disparaître ;
- de même pour les graines qui germent et qui poussent moins vite, par manque ou excès d'eau ou de soleil.

Toutes ces graines, qui auraient continué à vivre normalement à l'état sauvage, sont, à cause de la technique de culture, progressivement éliminées du stock. C'est pourquoi après quelques années, on se retrouve essentiellement en présence de blés uniformisés, qui germent tous les ans, mûrs au même moment, à tige solide et épi bien fixé, qui produisent beaucoup, germent et poussent rapidement.

Ce principe de domestication existe pour pratiquement toutes les plantes cultivées, avec pour résultat beaucoup de rendement, mais un appauvrissement sévère de la biodiversité.

Les différentes formes de vie sur terre

Virus
Bactéries
Champignons
Plantes
Animaux

Adaptation du vivant

Tous les êtres vivants doivent s'adapter au milieu dans lequel ils vivent.
Une bonne adaptation correspond à un fonctionnement optimal dans un milieu donné.
Une bonne adaptabilité correspond à un fonctionnement optimal en cas de changement de milieu.

Étrange miroir

L'arbre émet des branches et des feuilles, qui captent le gaz carbonique (CO_2) de l'air environnant, rejettent de l'oxygène (O_2) et fabriquent des sucres.

Le corps possède des bronches et des alvéoles, qui ont la même forme que les branches et les feuilles d'un arbre, mais qui, elles, captent l'oxygène (O_2) du sang, rejettent du gaz carbonique (CO_2) et consomment des sucres.

Les 4 éléments indispensables à la vie

Eau, carbone, azote, oxygène.

Terre vivante

OK corail

Formés d'un squelette externe calcaire avec une bouche entourée de tentacules, les polypes sont des animaux ridiculement minuscules. En agrégeant leurs squelettes les uns aux autres, ils forment alors d'immenses colonies de plusieurs milliards d'individus, que l'on appelle le *corail*, dont la plus grande formation est la Grande Barrière australienne, longue de 2 400 km, seule structure de la surface terrestre visible de la Lune.

Ils vivent en symbiose avec une algue unicellulaire fixée dans leurs tissus, qui leur apporte oxygène et nourriture. En contrepartie, ils lui fournissent un abri, le gaz carbonique et l'azote nécessaires à la photosynthèse de la chlorophylle.

Cette symbiose leur interdit les eaux profondes, la lumière étant obligatoire à la synthèse de la chlorophylle.

Carbone 14

Sur terre, la teneur en carbone 14 (isotope radioactif naturel du carbone) est toujours la même pour tous les organismes vivants. À leur mort, il perd progressivement et régulièrement sa radioactivité, ce qui permet donc une datation précise de tous les restes organiques, notamment les ossements.

Du pôle à l'équateur

Toundra	steppe froide
Taïga	forêt de conifères
Forêt mixte	mi-conifères, mi-feuillus
Forêt tempérée	feuillus
Forêt méditerranéenne	chênes
Savane	semi-aride
Forêt tropicale	mi-sèche, mi-humide
Forêt équatoriale	humide

Fumeurs noirs

À 2 500 mètres de profondeur, la vie animale et végétale est pauvre, réduite à quelques espèces des grandes profondeurs.

Or, en 1979, des chercheurs ont découvert du côté des îles Galápagos, à des profondeurs abyssales, des îlots de vie intense, avec des vers géants, des anémones, des éponges, des moules, des crabes...

Cette vie a été rendue possible grâce à des sources d'eau chaude sulfureuse sortant de cheminées sous-marines de basalte, les *fumeurs noirs*.

À sa sortie, l'eau est à une température de 250 °C à 400 °C, mais reste tout de même liquide grâce à la pression importante des grands fonds, qui l'empêche de se transformer en vapeur d'eau.

Il existe de ces fumeurs noirs un peu partout dans le monde.

Papillons

Papillons de jour	Papillons de nuit
Rhopalocères	Hétérocères
Vol diurne	Vol nocturne
Couleurs vives	Couleurs ternes
Ailes verticales au repos	Ailes horizontales au repos

Les envahisseurs

Certains animaux ont des capacités reproductrices impressionnantes. Si les conditions climatiques sont favorables, par temps chaud, un puceron adulte peut donner naissance jusqu'à 50 petits par semaine.
Sans les prédateurs et le manque de nourriture, une couche de 50 centimètres d'épaisseur recouvrirait la terre en quelques mois.

Baleine centenaire

Des chasseurs esquimaux dépècent une belle baleine boréale qu'ils viennent de tuer lors d'une chasse traditionnelle. Près de son épaule, ils découvrent un fragment de harpon explosif utilisé dans les années… 1890 ! Ainsi ce vieux cétacé dépecé a dépassé les 115 ans.

Une chenille au secours du tabac

La feuille de tabac, hormis sa capacité bien connue à attirer le fumeur impénitent et dépendant à sa nicotine, peut aussi, lorsqu'elle est encore vivante, attirer un autre animal, pour dans ce cas assurer sa survie.
Une grosse et vorace chenille verte, *Manduca sexta*, la larve du sphinx du tabac, adore se nourrir de feuilles de tabac. Ce faisant, elle y dépose sa salive. La feuille, avertie par le contact de cette substance particulière, fabrique alors et émet dans l'air environnant un mélange d'éthylène et d'acide jasmonique, odeur qui va attirer une petite guêpe ichneumon. En apercevant la chenille, celle-ci vient la paralyser en la piquant, pour y pondre son œuf. Le plant de tabac est sauvé.

Ailes chantantes et fémurs auditifs

L'été dans la garrigue, le grillon mâle « chante » pour attirer la femelle, non pas avec sa voix, mais avec ses ailes.
Son aile antérieure gauche possède une partie rigide comme une baguette, qu'il frotte contre son aile antérieure droite, qui, elle, possède une zone tendue et résonnante comme une peau de tambour.
La femelle entend ce chant grâce à son oreille, située sur son... fémur.

Foutu guêpier !

Dans le monde fort peu commun des insectes, la notion de bien et de mal n'existe pas, seules comptent la survie et la reproduction. La femelle de la plus grande guêpe de la planète, le pepsis *(Pepsis heros)*, a trouvé un moyen bien barbare de pondre ses œufs.
Elle capture et pique une mygale pour la paralyser. Elle pond alors dans le corps paralysé mais toujours bien vivant de l'araignée un œuf. Quand celui-ci éclot, la larve dispose alors, pour la durée de toute sa croissance larvaire, d'une réserve nécessaire et suffisante de nourriture fraîche et vivante !

Le vivant en péril

L'*indice planète vivante* mesure l'évolution de la biodiversité sur la planète Terre. Initié par le WWF depuis 1998, il est établi en suivant l'évolution de 1 313 espèces de vertébrés, considérés comme représentatifs de la biodiversité et de la santé des écosystèmes.
Plus il est élevé, meilleures sont la biodiversité et la santé des écosystèmes de la planète.

Entre 1970 et 2003, l'indice planète vivante a baissé de près de 40 %.

Espèces disparues

La vie sur la Terre, depuis son apparition il y a 4,5 milliards d'années, n'a jamais cessé d'évoluer. De la première bactérie à la plante à fleurs et à l'*Homo sapiens*, une infinité d'espèces se sont créées, puis se sont éteintes au fil des différentes périodes.

En principe, les disparitions sont compensées par l'apparition de nouvelles espèces. Or aujourd'hui, essentiellement en raison de l'activité humaine, de nombreuses espèces disparaissent ou menacent de disparaître, mais à un rythme beaucoup plus rapide que celui du renouvellement naturel, provoquant un appauvrissement sévère de la biodiversité.

En tout état de cause, et aussi un peu pour se rassurer, sachons tout de même que sur l'ensemble des espèces qui ont vécu un jour sur la Terre, 99,9 % ont déjà disparu !

Les 5 pierres vivantes

Ambre
Perle
Ivoire
Corail
Jais

Liste rouge des espèces menacées

L'Union internationale pour la conservation de la nature (UICN) est un organisme regroupant quelque 83 pays et 800 ONG, dont le but principal est de surveiller et d'évaluer l'évolution de la biodiversité. Un réseau de 7 000 experts contrôle en permanence la conservation de 41 415 espèces végétales et animales différentes, sur 1,8 million estimées présentes sur la Terre. Sur ces 41 415 espèces recensées et suivies, 16 306 sont menacées, dont 1 mammifère sur 4, 1 oiseau sur 8, 1 amphibien sur 3 et 70 % des plantes.
Une liste rouge est établie tous les ans, recensant les espèces en 9 catégories, en fonction de leur risque d'extinction :

- éteinte : 785 espèces
- éteinte à l'état sauvage : 65 espèces
- en danger critique d'extinction : 3 124 espèces
- en danger : 4 564 espèces
- vulnérable : 8 618 espèces
- quasi menacée : 3 545 espèces
- préoccupation mineure : 16 512 espèces
- données insuffisantes : 4 202 espèces
- non évaluée : > 1,7 million d'espèces.

Parmi les espèces passées dans la catégorie « en danger critique d'extinction » en 2007, citons notamment :
- le gorille de l'Ouest *(Gorilla gorilla)*

- l'orang-outan de Sumatra *(Pongo abelii)*
- une espèce de corail *(Rhizopsammia welligtoni)*
- le gavial *(Gavialis gangeticus)*
- le vautour royal *(Sarcogyps calvus)*
- le dauphin d'eau douce du Yangtsé *(Lipotes vexillifer)*, probablement éteint aujourd'hui.

En 2007, une seule espèce est transférée dans une catégorie inférieure, la perruche de Maurice *(Psittacula eques)*.

Rara avis in terris

(Oiseau rare sur la terre)
Proverbe

Petite liste d'oiseaux qui ne volent pas :
Autruche, casoar commun, cormoran des Galápagos, émeu, kagou, kakapo, kiwi, manchot, nandou, notornis, râle de l'île Inaccessible, râle géant.

Un poisson qui ne manque pas d'air

Classiquement, les poissons sont des animaux qui vivent dans l'eau et qui donc respirent par l'intermédiaire de branchies. Or il existe sur terre une remarquable et extraordinaire curiosité zoologique : le dipneuste.

Le dipneuste est un poisson qui existe depuis 400 millions d'années, vivant dans les eaux peu oxygénées ou temporaires de notre planète. Il est caractérisé par la présence, en plus des classiques branchies de tous les poissons, de poumons fonctionnels, lui permettant de respirer l'air ambiant, en cas de manque d'eau ou d'oxygène dans l'eau.
Il existe encore aujourd'hui trois genres de dipneustes survivants, dans trois niches écologiques très limitées, en Amérique du Sud dans le bassin de l'Amazone, dans les fleuves d'Afrique équatoriale et dans l'embouchure du fleuve Murray dans l'ouest de l'Australie.

Photosynthèse

$6CO_2 + 12H_2O +$ lumière $\quad C_6H_{12}O6 + 6O_2 + 6H_2O$
CO_2 : gaz carbonique
H_2O : eau
$C_6H_{12}O_6$: glucose (sucre)
O_2 : oxygène

Longévité

Épicéa	9 550 ans	record végétal
Palourde	410 ans	record animal
Éphémère	1 jour	
Mouche	20 jours	
Puce	4 ans	
Abeille	5 ans	
Crevette	7 ans	
Fourmi	15 ans	
Dauphin	40 ans	
Lion	40 ans	
Cacatoès	80 ans	
Carpe	100 ans	
Crocodile	100 ans	
Éléphant	120 ans	
Homme	120 ans	
Baleine	150 ans	
Tortue	190 ans	
Palmier	200 ans	
Olivier	1 000 ans	
If	2 800 ans	
Chêne pédonculé	2 000 ans	
Baobab	5 000 ans	

Animaux les plus vieux

Certains animaux ont sans doute voulu déplaire à M. Darwin ; ils ont arrêté leur évolution il y a déjà bien longtemps et l'on peut toujours les croiser sur notre bonne vieille Terre.

Le péripathe (ver)	500 millions d'années
La limule (crustacé)	450 millions d'années
Le coelacanthe (poisson)	400 millions d'années
Le cafard (insecte)	350 millions d'années
Le crocodile (reptile)	200 millions d'années
La tortue (reptile)	200 millions d'années
Le dipneuste (poisson)	200 millions d'années
Le sphénodon (reptile)	200 millions d'années
L'ornithorynque (mammifère)	150 millions d'années
L'okapi (mammifère)	20 millions d'années

Pierraille de corail

« Je juge que le corail doit être mis sous le genre des pierres, et non sous celui des plantes. »
Paulo Boccone (1663-1704), botaniste italien

Gestation

Opossum	13 jours
Souris	21 jours
Lapin	30 jours
Marmotte, taupe, lièvre	40 jours
Renard	54 jours
Cobaye, loup, chat	60 jours
Panthère	93 jours
Castor	105 jours
Lion, tigre	106 jours
Porc	115 jours
Mouton	150 jours
Blaireau	180 jours
Gibbon	210 jours
Cerf	235 jours
Daim, hippopotame	240 jours
Ours brun	260 jours
Lamantin	270 jours
Homme	280 jours
Baleine bleue	330 jours
Cheval	335 jours
Âne, zèbre	375 jours
Girafe	440 jours
Cachalot	480 jours
Rhinocéros	560 jours
Éléphant d'Afrique	640 jours

Géants vivants...

Baleine bleue	longueur : 33 m, masse : 130 t
Éléphant d'Afrique	hauteur : 4 m, masse : 6 t
Girafe	hauteur : 6 m
Éléphant de mer	longueur : 6 m, masse : 3 t
Ours kodiak	longueur : 3 m, masse : 1 t
Autruche	hauteur : 2,5 m, masse : 120 kg
Anaconda	longueur : 8 m
Tortue luth	masse : 500 kg
Crabe macrocheire	envergure : 4 m
Cyanée (méduse)	diamètre : 2 m, longueur tentacule : 40 m
Séquoia	hauteur : 140 m, circonférence : 40 m
Palmier rotang	longueur des lianes : 300 m

... et disparus

Mammifères :
Baluchiterium longueur : 10 m, hauteur : 5 m
Oiseaux :
Dinornis hauteur : 3,5 m
Reptiles :
Diplodocus longueur : 25 m, hauteur : 10 m

Tyrannosaurus longueur : 12 m, hauteur : 5 m
Pteranodon envergure : 8 m

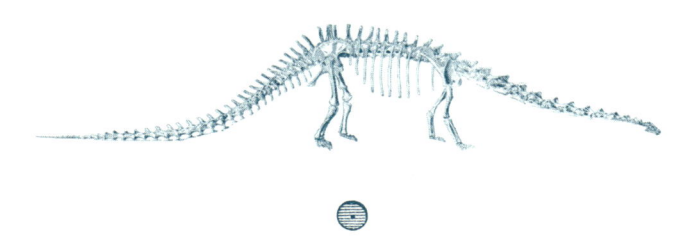

Nature en folie

En Californie, un séquoia à feuilles d'if atteint une hauteur de 115,55 mètres.
Le vautour de Rüppel, que l'on trouve en Afrique, peut voler jusqu'à une altitude de 11 000 mètres.
Un petit oiseau marin, la sterne arctique, effectue environ 35 000 km/an, soit en une vie à peu près 3 fois la distance de la Terre à la Lune.
Le bambou moso pousse en moyenne de 40 centimètres par jour et peut aller jusqu'à 1 mètre par jour.
Quand il vole, le moucheron *Forcipomyia* bat des ailes 1 000 fois par seconde. Par comparaison, le pigeon effectue 3,6 battements par seconde.
La baleine bleue peut peser jusqu'à 180 tonnes.
En moyenne, 1 hectare de terre contient 5 à 20 tonnes de lombrics, soit 250 vers par mètre carré.

Le scarabée rhinocéros soulève 100 fois son propre poids. La plus grande libellule connue est un fossile trouvé dans le sud de la France, avec une envergure de 70 centimètres. Les récifs de coraux sont peuplés de plus de 500 000 espèces différentes.

Les 11 branches de la zoologie

Entomologie	étude des insectes
Herpétologie	étude des reptiles et amphibiens
Ichtyologie	étude des poissons
Mammalogie	étude des mammifères
Ornithologie	étude des oiseaux
Ophiologie	étude des serpents
Malacologie	étude des mollusques
Arachnologie	étude des arachnides
Carcinologie	étude des crustacés
Paléontologie	étude des fossiles
Parasitologie	étude des parasites

Espèces

Combien y a-t-il d'espèces vivantes ?

Le naturaliste suédois Carl von Linné (1707-1778) comptait à son époque sur terre 67 000 espèces vivantes différentes. On estime aujourd'hui leur nombre entre 5 et 30 millions. Les entomologistes en découvrent 10 000 nouvelles chaque année.

L'Union internationale pour la conservation de la nature (UICN) décompose les différentes espèces ainsi :

287 655	plantes
74 000 à 120 000	champignons
10 000	lichens
950 000	insectes
70 000	mollusques
40 000	crustacés
130 200	autres invertébrés
29 300	poissons
5 743	amphibiens
8 240	reptiles
10 234	oiseaux
5 416	mammifères

Principaux embranchements et classes du règne animal

Embranchement	Classe	Exemples
Vertébrés (48 500)	Mammifères	souris, hommes
	Oiseaux	aigles, moineaux
	Reptiles	serpents, tortues, lézards
	Amphibiens	grenouilles
	Poissons cartilagineux	requins, raies
	Poisseux osseux	truites, thons
	Agnathes	lamproies
Échinodermes (6 000)	Crinoïdes	lys de mer
	Holothuroïdes	concombres de mer
	Échinoïdes	oursins
	Stelleroïdes	étoiles de mer
Arthropodes (950 000)	Insectes	mouches, guêpes
	Myriapodes	mille-pattes
	Arachnides	araignées, scorpions, acariens
	Mérostome	limules
	Crustacés	crevettes, homards

Mollusques (100 000)	Céphalopodes	pieuvres, calmars
	Gastéropodes	escargots, limaces
	Bivalves	moules, huîtres
	Polyplacophores	chitons
Némapodes (15 000)		oxyures, ascaris
Plathelminthes (15 000)		ténias, douves
Cnidaires (10 000)		coraux, méduses
Spongiaires (5 000)		éponges
Annélides (12 000)		vers de terre, sangsues

Classe des mammifères

Sous-classe	Ordre	Exemples
Monotrèmes		ornithorynques
Marsupiaux		kangourous
Placentaires	Primates	singes, hommes
	Carnivores	loups, lions, belettes
	Insectivores	taupes, hérissons
	Rongeurs	rats, souris
	Cétacés	baleines, dauphins
	Xénarthres	paresseux
	Dermoptères	galéopithèques
	Chiroptères	chauves-souris

Pholidotes	pangolins
Pinnipèdes	phoques, otaries
Logomorphes	lapins, lièvres
Proboscidiens	éléphants
Périssodactyles	chevaux, rhinocéros
Artiodactyles	bœufs, porcs, cerfs, girafes

Classification du vivant de Carl von Linné

Règne
Embranchement
Classe
Ordre
Famille
Genre
Espèce

Règnes du vivant

Animal
Végétal
Mycètes (champignons)
Protistes (unicellulaires à noyau)
Procaryotes (unicellulaires sans noyau)

Cette classification, fondée sur les caractères morphologiques, est aujourd'hui remplacée par une classification dite « phylogénétique », fondée sur les caractères génétiques.

Planctons

Ultraplancton	< à 5 µ
Nannoplancton	de 5 à 50 µ
Microplancton	de 50 µ à 1 mm
Mésoplancton	de 1 à 5 mm
Macroplancton	de 5 mm à 5 cm
Mégaloplancton	> à 5 cm (méduses)
Haloplancton	plancton d'eau salée
Limmoplancton	plancton d'eau douce
Potamoplancton	plancton des fleuves et des cours d'eau
Zooplancton	plancton animal
Phytoplancton	plancton végétal

Terre des hommes

« Avant notre venue, rien ne manquait au monde ; après notre départ, rien ne lui manquera. » Omar Khayyam

« La terre s'est imposée l'homme pour châtiment. » Pablo Neruda

« Vous n'avez qu'un jour à passer sur la terre ; faites en sorte de le passer en paix. »
Félicité Robert de Lamennais

Les 7 merveilles du monde

Les 7 merveilles du monde antique sont les 7 constructions humaines considérées comme les plus remarquables et extraordinaires de l'Antiquité.
Elles ont été énoncées sur une liste de l'auteur grec Philon de Byzance au IIIe siècle avant J.-C.

- Mausolée d'Alicarnasse	en Turquie
- Statue de Zeus à Olympie	en Grèce
- Phare d'Alexandrie	en Égypte
- Jardins suspendus de Babylone	en Irak
- Temple d'Artémis à Éphèse	en Turquie
- Colosse de Rhodes	en Grèce
- Pyramides d'Égypte	en Égypte

Pour vous en souvenir, retenez la phrase :
« **Mostapha ! J'attends ta copie !** »
« Mo » pour mausolée ; « sta » pour statue ; « pha » pour phare ; « J'a » pour jardins ; « ttends » pour temple ; « co » pour colosse ; « pie » pour pyramides.

Des pesticides dans notre assiette

Seulement 3 % des pesticides pulvérisés sont absorbés par la plante. Le reste se disperse dans l'air et dans le sol…
… et finit souvent dans l'estomac des humains, qui en avale environ 1,5 kg chaque année.

Eppur si muove

En 1633, le physicien et astronome italien Galileo Galilei, dit Galilée (1564-1642), est condamné par l'Inquisition à la prison à vie, pour avoir énoncé la vérité sur la rotation de la Terre autour du Soleil : « *Eppur si muove* » (« Et pourtant elle se meut »).
Il ne sera réhabilité par l'Église qu'en 1992.

Les mondes oubliés

Le *tiers-monde* est un mot inventé en 1956 par Alfred Sauvy (1898-1990) et Georges Balandier, sociologues français. Il désigne tous les pays qui n'appartiennent ni au bloc occidental capitaliste ni au bloc communiste. Il est surtout utilisé pour les pays dits « sous-développés » ou « en voie de développement ».

Le *quart-monde* est un mot inventé en 1960 par le prêtre français Joseph Wresinski (1917-1988). Il désigne la population d'un pays riche vivant sous le seuil de pauvreté.

Indice de développement humain

L'*indice de développement humain* est un indice statistique créé par l'ONU, évaluant le niveau de développement humain des différents pays du monde.
Il est calculé d'après 3 paramètres :
– l'espérance de vie
– le taux d'alphabétisation
– le PIB par habitant.
Il donne une valeur comprise entre 0 (la plus faible possible) et 1 (la plus forte possible).
L'indice moyen dans le monde est de 0,741.

Selon les chiffres de 2006 (publiés en 2008), les 10 premiers étaient :

Norvège	0,969
Islande	0,968
Canada	0,967
Australie	0,965
Irlande	0,960
Suède	0,958
Pays-Bas	0,956
Japon	0,956
Luxembourg	0,956
Suisse	0,955

et les 10 derniers :

Tchad	0,389
Guinée-Bissau	0,383
Burundi	0,382
Burkina Faso	0,372
Niger	0,370
Mozambique	0,366
Liberia	0,364
République démocratique du Congo	0,361
République centrafricaine	0,352
Sierra Leone	0,329

La France est 11e avec un score de 0,955.

Ubi solitudinem faciunt, pacem appelant

(Où ils font un désert, ils disent qu'ils ont donné la paix)
Proverbe

Pendant la durée de la guerre du Vietnam, de 1962 à 1971, l'armée américaine a détruit :
- 20 % de la forêt
- 30 % des mangroves.

À la fin de la guerre du Golfe, en 1991, 630 puits de pétrole ont été incendiés par l'armée irakienne et ont brûlé pendant plusieurs mois.

De 1945 à 1995, la Chine, la France, l'Inde, le Royaume-Uni, l'URSS et les État-Unis ont effectué plus de 1 900 essais nucléaires.

Il existe dans le monde environ 65 millions de mines antipersonnel.

Énergies renouvelables

Soleil	panneaux solaires
Vent	éoliennes
Eau	centrales hydrauliques
Géothermie	centrales géothermiques
Biomasse	combustion

OGM

1983 : 1er OGM, un plant de tabac résistant à un antibiotique
1985 : 1re plante modifiée résistant à un insecte
1987 : 1re plante modifiée résistant à un herbicide total
1988 : 1er OGM commercialisé, la tomate « flavour savour », à maturation retardée

Prolifération humaine

150 000 humains	il y a 3 millions d'années
Plus de 1 million	il y a 2 millions d'années
Plus de 10 millions	il y a 10 000 ans
1 milliard	il y a 200 ans
6 milliards	aujourd'hui
12 milliards	en 2100

Droit de la mer

Mer territoriale	jusqu'à 12 milles des côtes
Zone économique exclusive (ZEE)	de 12 à 200 milles des côtes
Haute mer	au-delà de 200 milles des côtes

On a marché sur la Terre

Le phénomène d'*anthropisation* consiste dans la transformation d'espaces, de paysages et de milieux naturels sous l'action de l'homme.

Baies	ports
Forêts	prairies
Lacs	barrages
Montagnes	stations de ski
Plages	stations balnéaires
Rives	chemins de halage
Rivières	canaux
Sources	puits et fontaines

Guerre et paix

Liste des cinq membres permanents du Conseil de sécurité de l'Organisation des Nations unies (ONU) en 2009 :

- Chine
- États-Unis
- France
- Royaume-Uni
- Russie

Arme nucléaire

Petite liste des 9 pays possédant l'arme nucléaire en 2009
- Chine
- Corée du Nord
- États-Unis
- France
- Inde
- Israël
- Pakistan
- Royaume-Uni
- Russie

Grandes découvertes

– 300 avant J.-C., détermination de la durée de l'année astronomique par les Babyloniens.

– 205 avant J.-C., première évaluation de la circonférence de la Terre par Ératosthène (276-194), astronome et mathématicien grec.

– 1543, découverte de la révolution de la Terre autour du Soleil, par Nicolas Copernic (1473-1543), astronome polonais.

– 1609, lois de Kepler sur le mouvement des planètes autour du Soleil, par l'astronome allemand Johannes Kepler (1571-1630).

– 1687, loi de la gravitation universelle, découverte par l'astronome et mathématicien anglais Isaac Newton (1643-1727).
– 1927, théorie du Big Bang, proposée par l'astronome et mathématicien belge Georges Lemaître (1894-1966).

Îles...

Petite liste des pays n'ayant pas de frontière terrestre

Australie	Jamaïque	Salomon
Bahamas	Japon	Seychelles
Bahreïn	Madagascar	Singapour
Barbade	Malte	Sri Lanka
Chypre	Marshall	Taiwan
Comores	Maurice	Trinité et Tobago
Fidji	Nouvelle-Zélande	
Islande	Philippines	

... et enclaves du monde

Petite liste des pays n'ayant pas de frontière maritime

Afghanistan
Arménie
Autriche
Azerbaïdjan
Bhoutan
Biélorussie
Bolivie
Botswana
Burkina Faso
Burundi
Éthiopie
Hongrie
Kazakhstan
Kirghiztan
Laos
Lesotho
Luxembourg
Macédoine
Malawi
Mali
Moldavie
Mongolie
Népal
Niger
Ouganda
Ouzbékistan
Paraguay
République centrafricaine
République slovaque
République tchèque
Rwanda
Suisse
Swaziland
Tadjikistan
Tchad
Zambie
Zimbabwe

Empreinte écologique

L'être humain, pour vivre, de sa naissance à sa mort, consomme des matières premières, telles que l'oxygène, l'essence ou la nourriture, et produit des déchets, comme le gaz carbonique, les gaz de combustion ou les emballages. Pour y parvenir, il utilise les ressources naturelles de la planète, qui lui donne les matières premières et régénère en permanence ses déchets.

L'*empreinte écologique* est une estimation de la superficie nécessaire dont la Terre a besoin pour répondre à l'ensemble des besoins humains en ressources naturelles. C'est une mesure de la pression qu'exerce l'homme sur la nature. Elle permet de contrôler si l'humanité, qui puise dans les ressources naturelles, respecte ou non la capacité de régénération de la planète.

La Terre dispose de 11,3 milliards d'hectares de surface biologiquement productive (on a retiré la surface des océans, des déserts et celle nécessaire aux autres êtres vivants), soit 1,8 hectare par être humain. Or, en moyenne aujourd'hui, l'humanité a une empreinte écologique de plus de 2,2 hectares par être humain. Elle dépasse donc d'environ 25 % la capacité de la planète à se régénérer.

Au lieu de ne dépenser que les « intérêts », elle puise dans le « capital ».

L'homme transforme les ressources de la planète en déchets, plus vite que la nature ne peut transformer ces déchets en ressources.

Entité	Empreinte écologique (hectares/habitant)
Amérique du Nord	9,4
France	5,8
Union européenne	4,8
Europe (hors UE)	3,8
Moyen-Orient + Asie centrale	2,2
Moyenne mondiale	2,2
Amérique du Sud	2
Empreinte écologique disponible	1,8
Asie	1,3
Afrique	1,1

Patrimoine mondial en péril

Le 16 novembre 1972, la conférence générale de l'Unesco (United Nations Educational, Scientific and Cultural Organisation, Organisation des Nations unies pour l'éducation, la science et la culture) adopte la convention concernant la protection d'un patrimoine mondial, culturel et naturel. En 1994 est créée une liste du patrimoine mondial, réactualisée en permanence et ratifiée par 184 États. Aujourd'hui, cette liste comporte 851 biens, dont 660 biens culturels, 166 biens naturels et 25 biens mixtes (culturels et naturels).

De cette liste est malheureusement tirée une autre liste, la liste du patrimoine mondial en péril, constitué de 30 sites menacés de disparition, dont 13 sites naturels exceptionnels.

Site	Pays	Menace
Parc national de la Comoé	Côte-d'Ivoire	Braconnage, surpâturage
Réserve naturelle intégrale du mont Nimba	Côte-d'Ivoire et Guinée	Projet de concession minière, afflux de réfugiés
Îles Galápagos	Équateur	Tourisme
Parc national du Simien	Éthiopie	Construction de routes, augmentation de la population humaine

Sanctuaire de faune de Manas	Inde	Envahissement par une tribu humaine
Réserves naturelles de l'Aïr et du Ténéré	Niger	Conflit militaire et civil
Parc national de Manovo-Gounda Saint-Floris	République centrafricaine	Braconnage
Parc national de Kahuzi-Biéga	Congo	Déboisement, guerre civile, braconnage
Parc national de Garamba	Congo	Risque de disparition du rhinocéros blanc
Parc national de Salonga	Congo	Braconnage, installations humaines
Parc national de Virunga	Congo	Guerre du Rwanda, braconnage, afflux de réfugiés
Réserve de faune à okapis	Congo	Conflit armé
Parc national du Niokolo-Koba	Sénégal	Braconnage, projet de barrage

Marées noires

- 18 mars 1967 : naufrage du *Torrey Canyon* au sud-ouest de l'Angleterre, 119 000 tonnes.
- 20 mars 1970 : collision de l'*Othello* en Suède, 60 000 tonnes.
- 19 décembre 1972 : collision du *Sea Star* dans le golfe d'Oman, 115 000 tonnes.
- 12 mai 1976 : naufrage de l'*Urquiola* en Espagne, 100 000 tonnes.
- 25 février 1977 : incendie du *Hawaïan Patriot* dans le nord du Pacifique, 99 000 tonnes.
- 16 mars 1978 : échouement de l'*Amoco Cadiz* à l'ouest de la France, 223 000 tonnes.
- 10 juillet 1978 : fuite du *Cabo Tamar* au Chili, 60 000 tonnes.
- 20 juillet 1979 : naufrage de l'*Atlantic Express* au large de Trinidad et Tobago, 276 000 tonnes.
- 23 février 1980 : fuite de l'*Irenes Serenade* en Grèce, 102 000 tonnes.
- 5 août 1983 : incendie du *Castillo de Belver* en Afrique du Sud, 250 000 tonnes.
- 19 décembre 1989 : explosion du *Kharg-5* au Maroc, 70 000 tonnes.
- 12 mars 1992 : échouement et incendie de l'*Aegian Sea* en Espagne, 80 000 tonnes.
- 5 janvier 1993 : échouement du *Braer* au sud des îles

Shetland, 84 000 tonnes.
- 15 février 1996 : échouement du *Sea Empress* au Pays de Galles, 70 000 tonnes.

C'est la liste des plus importantes marées noires de l'histoire, provoquées par le transport du pétrole par mer. De plus, selon les experts, 150 000 tonnes de pétrole sont rejetées accidentellement dans la mer tous les ans et 1,5 million de tonnes par an d'hydrocarbures (soit plus de 6 *Amoco Cadiz*) sont larguées volontairement dans la mer, lors d'opérations sauvages de dégazage ou de déballastage.

Protocole de Kyoto :
encore des résistances…

Le protocole de Kyoto, adopté le 11 décembre 1997, a pour but de lutter contre les changements climatiques d'origine humaine. Il impose aux pays signataires la réduction d'au moins 5 % des émissions de gaz à effet de serre, par rapport à leur niveau de 1990, sur une période de 5 ans, entre 2008 et 2012. Il est entré en vigueur le 16 février 2005, dès lors que 55 pays, dont les pays développés représentent plus de 55 % des émissions de dioxyde de carbone des signataires en 1990, ont ratifié le protocole.

L'Union européenne a ratifié le protocole le 25 avril 2002. Les États-Unis, pays pourtant producteur de plus de 30 % de tous les gaz à effet de serre d'origine humaine de la planète, signataires du protocole, ont refusé en 2001 et refusent toujours de le ratifier.

Les 6 gaz à effet de serre définis par le protocole sont :
- le gaz carbonique (dioxyde de carbone) CO_2
- le méthane CH_4
- l'oxyde nitreux (protoxyde d'azote) N_2O
- les hydrofluorocarbones   HFCs
- les hydrocarbures perfluorés   PFCs
- l'hexafluorure de soufre SF_6.

Pays disparus

Pays	Devenu ou intégrant
Abyssinie	Éthiopie
Royaume d'Angkor	Cambodge
Ceylan	Sri Lanka
Dahomey	Bénin
Formose	Taïwan
Haute-Volta	Burkina Faso
Mésopotamie	Irak
Perse	Iran

Phénicie	Liban
Prusse	Allemagne
RDA	Allemagne
Rhodésie	Zimbabwe
Siam	Thaïlande
Tanganyika	Tanzanie
Tchécoslovaquie	République tchèque, Slovaquie
Tibet	Chine
Yougoslavie	Bosnie, Croatie, Macédoine, Serbie
Zaïre	République démocratique du Congo

Journées mondiales

1er janvier	Journée mondiale de la paix
22 mars	Journée mondiale de l'eau
23 mars	Journée mondiale de la météorologie
22 avril	Journée mondiale de la Terre
3 mai	Journée mondiale du Soleil
5 juin	Journée mondiale de l'environnement
8 juin	Journée mondiale des océans
30 septembre	Journée mondiale de la mer
4 octobre	Journée mondiale des animaux

Journée mondiale de la Terre

La Journée mondiale de la Terre a été fondée par le sénateur américain Gaylord Nelson, qui incita au départ les étudiants de son État à organiser ce jour-là des manisfestations de sensibilisation à l'environnement. Célébrée pour la première fois le 22 avril 1970 par quelques étudiants américains, elle l'est aujourd'hui à travers le monde entier dans plus de 180 pays, par des centaines de millions de personnes. Elle est devenue et est reconnue comme un des événements populaires pour l'environnement et la nature les plus importants du monde.

Charte de l'environnement

« Le peuple français,

Considérant,
Que les ressources et les équilibres naturels ont conditionné l'émergence de l'humanité ;
Que l'avenir et l'existence même de l'humanité sont indissociables de son milieu naturel ;
Que l'environnement est le patrimoine commun des êtres humains ;
Que l'homme exerce une influence croissante sur les conditions de la vie et sur sa propre évolution ;

Que la diversité biologique, l'épanouissement de la personne et le progrès des sociétés humaines sont affectés par certains modes de consommation ou de production et par l'exploitation excessive des ressources naturelles ;
Que la préservation de l'environnement doit être recherchée au même titre que les autres intérêts fondamentaux de la Nation ;
Qu'afin d'assurer un développement durable, les choix destinés à répondre aux besoins du présent ne doivent pas compromettre la capacité des générations futures et des autres peuples à satisfaire leurs propres besoins ;
Proclame :
Art. 1er. - Chacun a le droit de vivre dans un environnement équilibré et respectueux de la santé.
Art. 2. - Toute personne a le devoir de prendre part à la préservation et à l'amélioration de l'environnement.
Art. 3. - Toute personne doit, dans les conditions définies par la loi, prévenir les atteintes qu'elle est susceptible de porter à l'environnement ou, à défaut, en limiter les conséquences.
Art. 4. - Toute personne doit contribuer à la réparation des dommages qu'elle cause à l'environnement, dans les conditions définies par la loi.
Art. 5. - Lorsque la réalisation d'un dommage, bien qu'incertaine en l'état des connaissances scientifiques, pourrait affecter de manière grave et irréversible l'environnement, les autorités publiques veillent, par

application du principe de précaution et dans leurs domaines d'attribution, à la mise en œuvre de procédures d'évaluation des risques et à l'adoption de mesures provisoires et proportionnées afin de parer à la réalisation du dommage.
Art. 6. - Les politiques publiques doivent promouvoir un développement durable. À cet effet, elles concilient la protection et la mise en valeur de l'environnement, le développement économique et le progrès social.
Art. 7. - Toute personne a le droit, dans les conditions et les limites définies par la loi, d'accéder aux informations relatives à l'environnement détenues par les autorités publiques et de participer à l'élaboration des décisions publiques ayant une incidence sur l'environnement.
Art. 8. - L'éducation et la formation à l'environnement doivent contribuer à l'exercice des droits et devoirs définis par la présente Charte.
Art. 9. - La recherche et l'innovation doivent apporter leur concours à la préservation et à la mise en valeur de l'environnement.
Art. 10. - La présente Charte inspire l'action européenne et internationale de la France. »
Texte adopté le 28 février 2005 par le Parlement réuni en congrès et promulgué le 1er mars 2005 par Jacques Chirac, président de la République.

Agences françaises de l'environnement

EEA	Agence européenne pour l'environnement
ADEME	Agence de l'environnement et de la maîtrise de l'énergie
AFSSET	Agence française de sécurité sanitaire de l'environnement et du travail
DIREN	Directions régionales de l'environnement
IGE	Inspection générale de l'environnement
DRIRE	Directions régionales de l'industrie, de la recherche et de l'environnement
MEEDAT	Ministère de l'Écologie, de l'Énergie, du Développement durable et de l'Aménagement du territoire
AAMP	Agence des aires marines protégées
CELRL	Conservatoire de l'espace littoral et des rivages lacustres
ONEMA	Office national de l'eau et des milieux aquatiques
ONF	Office national des forêts
ONCFS	Office national de la chasse et de la faune sauvage.

Sans oublier l'ANDRA, le BRGM, l'IFREMER, l'IFP, l'IGN, l'INERIS et autres MNHN...

L'Antarctique sous protection

Traité sur l'Antarctique signé à Washington
le 1er décembre 1959

« Les gouvernements de l'Argentine, de l'Australie, de la Belgique, du Chili, de la République française, du Japon, de la Nouvelle-Zélande, de la Norvège, de l'Union sud-africaine, de l'Union des Républiques socialistes soviétiques, du Royaume-Uni de Grande-Bretagne et d'Irlande du Nord, et des États-Unis d'Amérique,

– Reconnaissant qu'il est de l'intérêt de l'humanité tout entière que l'Antarctique soit à jamais réservé aux seules activités pacifiques et ne devienne ni le théâtre ni l'enjeu de différends internationaux ;

– Appréciant l'ampleur des progrès réalisés par la science grâce à la coopération internationale en matière de recherche scientifique dans l'Antarctique ;

– Persuadés qu'il est conforme aux intérêts de la science et au progrès de l'humanité d'établir une construction solide permettant de poursuivre et de développer cette coopération en la fondant sur la liberté de la recherche scientifique dans l'Antarctique telle qu'elle a été pratiquée pendant l'année géophysique internationale ;

– Persuadés qu'un traité réservant l'Antarctique aux seules activités pacifiques et maintenant dans cette région l'harmonie internationale, servira les intentions et les principes de la Charte des Nations unies ;

Sont convenus de ce qui suit :

Article 1ᵉʳ
Seules les activités pacifiques sont autorisées dans l'Antarctique. Sont interdites, entre autres, toutes mesures de caractère militaire telles que l'établissement de bases, la construction de fortifications, les manœuvres, ainsi que les essais d'armes de toutes sortes. »

Traité sur l'Antarctique signé à Washington le 1ᵉʳ décembre 1959.

Parcs nationaux français

Les Cévennes – les Écrins – le Mercantour – la Guadeloupe les Pyrénées – la Vanoise – Port-Cros – les Calanques (création prévue fin 2010) – Parc amazonien en Guyane – la Réunion.

Grandes surfaces

Russie	17 075 200 km^2
Canada	9 984 670 km^2
États-Unis	9 826 630 km^2
Chine	9 596 960 km^2
Brésil	8 511 965 km^2
Australie	7 686 850 km^2
Inde	3 287 590 km^2
Argentine	2 766 890 km^2
Kazakhstan	2 717 300 km^2
Soudan	2 505 810 km^2
Algérie	2 381 740 km^2
R. D. du Congo	2 345 410 km^2

Il est bien entendu qu'étant partie intégrante du monde en constante évolution des humains, ces chiffres sont susceptibles de modifications substantielles, pour de grandes causes humanistes (mais peut-être devrais-je plutôt dire humaines), telles que le pouvoir, l'argent ou la religion.

Lilliputie

Saint-Vincent et les Grenadines	389 km²
Grenade	344 km²
Malte	316 km²
Maldives	300 km²
Saint-Christophe et Nieves	261 km²
Îles Marshall	181 km²
Liechtenstein	160 km²
San Marin	61 km²
Tuvalu	26 km²
Nauru	21 km²
Monaco	2,02 km²
Vatican	0,44 km²

Un petit mot pour de grands maux

« Notre maison brûle et nous regardons ailleurs. La nature, mutilée, surexploitée, ne parvient plus à se reconstituer et nous refusons de l'admettre. »

Jacques Chirac, ancien président de la République française, lors du sommet de la Terre à Johannesburg le 2 septembre 2002.

De Monaco à la Mongolie...

Pays	Densité (nombre d'habitants au km^2)
Monaco	15 851
Singapour	6 389
Vatican	2 093
Malte	1 160
Maldives	1 164
France	112
Botswana	2,7
Suriname	2,7
Australie	2,6
Namibie	2,5
Mongolie	1,8

... et de la Chine au Vatican

Pays	Nombre d'habitants (en millions)
Chine	1 314
Inde	1 095
États-Unis	303
Indonésie	245
Brésil	188
France	64
Tuvalu	0,01
Tokelau	0,002
Vatican	0,001

Poubelle spatiale

Depuis 1957, l'homme a réussi à envoyer de très nombreux objets dans l'espace. Considérant l'immensité infinie de l'espace, les acteurs de cette conquête spatiale ne se sont guère souciés des débris divers et variés induits par cette activité, et se sont donc autorisé l'abandon d'étages supérieurs de fusées et autres boulons sans précaution particulière.

Le CNES (Centre national d'études spatiales) évalue les objets en orbite autour de la Terre à environ :

9 100	d'une taille supérieure à 10 cm
200 000	d'une taille comprise entre 1 et 10 cm
35 000 000	d'une taille comprise entre 0,1 et 1 cm.

Premières ascensions

Mont Blanc	1786
Cervin	1865
Kilimandjaro	1889
Aconcagua	1897
McKinley	1917
Annapurna	1950
Everest	1953

Village global

Le monde est un village. Si ce village était composé de 100 habitants, il y aurait :

59 Asiatiques
14 Américains
14 Africains
13 Européens.

20 hommes posséderaient 80 % du village et 1 femme posséderait sa propre terre.
42 personnes ne boiraient jamais d'eau potable.
50 personnes vivraient dans le village et 50 aux alentours.
33 vivraient une situation de conflit armé.
5 enfants travailleraient en situation d'esclavage et
1 petite fille serait employée de maison non rémunérée.
60 personnes sauraient lire, écrire et compter.
50 auraient accès aux soins de santé.
15 auraient accès à Internet.
1 personne serait considérée comme riche, et posséderait à elle seule 50 % du village.
24 auraient accès à la bibliothèque.
1 irait au cinéma chaque semaine, toujours la même.
30 gaspilleraient 90 % des ressources.
L'électricité serait coupée 50 % du temps.

Pays et capitales

Afghanistan	Kaboul	Brunei	Bandar Seri Begawan
Afrique du Sud	Pretoria et Le Cap	Bulgarie	Sofia
Albanie	Tirana	Burkina Faso	Ouagadougou
Algérie	Alger	Burundi	Bujumbura
Allemagne	Berlin	Cambodge	Phnom Penh
Andorre	Andorre-la-Vieille	Cameroun	Yaoundé
		Canada	Ottawa
Angola	Luanda	Cap-Vert	Praia
Antigua-et-Barbuda	Saint John's	Chili	Santiago
		Chine	Pékin
Arabie saoudite	Riyad	Chypre	Nicosie
Argentine	Buenos Aires	Colombie	Bogota
Arménie	Erevan	Comores	Moroni
Australie	Canberra	Congo	Brazzaville
Autriche	Vienne	Corée du Nord	Pyongyang
Azerbaïdjan	Bakou	Corée du Sud	Séoul
Bahamas	Nassau	Costa Rica	San José
Bahreïn	Manama	Côte-d'Ivoire	Yamoussoukro
Bangladesh	Dacca	Croatie	Zagreb
Barbade	Bridgetown	Cuba	La Havane
Belau (ou Palau)	Koror	Danemark	Copenhague
Belgique	Bruxelles	Djibouti	Djibouti
Belize	Belmopan	Dominique	Roseau
Bénin	Porto-Novo et Cotonou	Égypte	Le Caire
		Émirats arabes unis	Abou Dhabi
Bhoutan	Thimphou	Équateur	Quito
Biélorussie	Minsk	Érythrée	Asmara
Birmanie	Naypyidaw	Espagne	Madrid
Bolivie	La Paz et Sucre	Estonie	Tallinn
Bosnie-Herzégovine	Sarajevo	États-Unis	Washington
Botswana	Gaborone	Éthiopie	Addis-Abeba
Brésil	Brasilia	Fidji	Suva

Finlande	Helsinki	Liban	Beyrouth
France	Paris	Liberia	Monrovia
Gabon	Libreville	Libye	Tripoli
Gambie	Banjul	Liechtenstein	Vaduz
Géorgie	Tbilissi	Lituanie	Vilnius
Ghana	Accra	Luxembourg	Luxembourg
Grèce	Athènes	Macédoine	Skopje
Grenade	Saint George's	Madagascar	Tananarive
Guatemala	Guatemala	Malaisie	Kuala Lumpur
Guinée	Conakry	Malawi	Lilongwe
Guinée-Bissau	Bissau	Maldives	Malé
Guinée équatoriale	Malabo	Mali	Bamako
		Malte	La Valette
Guyana	Georgetown	Maroc	Rabat
Haïti	Port-au-Prince	Marshall	Delap-Uliga-Darrit
Honduras	Tegucigalpa		
Hongrie	Budapest	Maurice	Port-Louis
Inde	New Delhi	Mauritanie	Nouakchott
Indonésie	Jakarta	Mexique	Mexico
Irak	Bagdad	Micronésie	Palikir
Iran	Téhéran	Moldavie	Chisinau
Irlande	Dublin	Monaco	Monaco
Islande	Reykjavik	Mongolie	Oulan-Bator
Israël	Jérusalem	Monténégro	Podgorica
Italie	Rome	Mozambique	Maputo
Jamaïque	Kingston	Namibie	Windhoek
Japon	Tokyo	Nauru	Yaren
Jordanie	Amman	Népal	Katmandou
Kazakhstan	Astana	Nicaragua	Managua
Kenya	Nairobi	Niger	Niamey
Kirghiztan	Bichkek	Nigeria	Abuja
Kiribati	Bairiki	Norvège	Oslo
Koweït	Koweït	Nouvelle-Zélande	Wellington
Laos	Vientiane	Oman	Mascate
Lesotho	Maseru	Ouganda	Kampala
Lettonie	Riga	Ouzbékistan	Tachkent

Pakistan	Islamabad	Serbie	Belgrade
Panama	Panama	Seychelles	Victoria
Papouasie-Nouvelle-Guinée	Port Moresby	Sierra Leone	Freetown
		Singapour	Singapour
Paraguay	Asunción	Slovaquie	Bratislava
Pays-Bas	Amsterdam	Slovénie	Ljubljana
Pérou	Lima	Somalie	Mogadiscio
Philippines	Manille	Soudan	Khartoum
Pologne	Varsovie	Sri Lanka	Colombo
Portugal	Lisbonne	Suède	Stockholm
Qatar	Doha	Suisse	Berne
République centrafricaine	Bangui	Suriname	Paramaribo
		Swaziland	Mbabane
République dominicaine	Saint-Domingue	Syrie	Damas
		Tadjikistan	Douchanbé
République du Congo	Kinshasa	Tanzanie	Dodoma
		Tchad	N'Djamena
République tchèque	Prague	Thaïlande	Bangkok
		Timor oriental	Dili
Roumanie	Bucarest	Togo	Lomé
Royaume-Uni	Londres	Tonga	Nuku'alofa
Russie	Moscou	Trinité-et-Tobago	Port of Spain
Rwanda	Kigali		
Saint-Christophe-et-Niévès	Basseterre	Tunisie	Tunis
		Turkménistan	Achgabat
Sainte-Lucie	Castries	Turquie	Ankara
Saint-Marin	Saint-Marin	Tuvalu	Funafuti
Saint-Vincent-et-les-Grenadines	Kingstown	Ukraine	Kiev
		Uruguay	Montevideo
Salomon	Honaria	Vanuatu	Port Vila
Salvador	San Salvador	Vatican	-
Samoa occidentales	Apia	Venezuela	Caracas
		Viêt Nam	Hanoï
Sao Tomé-et-Principe	Sao Tomé	Yémen	sanaa
		Zambie	Lusaka
Sénégal	Dakar	Zimbabwe	Harare

Catastrophe de Minamata

Minamata est une tranquille petite ville côtière de l'île de Kyushu, à l'extrême sud du Japon. En 1906, la compagnie Chisso y installe une usine pétrochimique. À partir de 1932, on y fabrique de l'acétaldéhyde (de formule CH_3CHO).

En 1953, dans le petit village de pêcheurs de la baie, certaines personnes commencent à présenter des signes étranges : perte de la motricité, diminution du champ visuel, troubles de l'audition, de la coordination des mouvements, convulsions. Puis la quasi-totalité de la population des pêcheurs de Minamata est progressivement atteinte des mêmes symptômes. On pense alors avoir affaire à une épidémie ou même à une malédiction, et ce d'autant plus que tous les chats du port semblent être devenus fous, allant jusqu'à se jeter dans la mer et s'y noyer.

En 1956, la maladie de Minamata est officiellement décrite par la direction des hôpitaux, qui rapporte la présence d'une série de patients présentant des symptômes similaires de lésions du système nerveux.

Parallèlement, le docteur Hajime Hosokawa, employé de la firme Chisso, suspecte le rôle éventuel du mercure rejeté dans la mer, utilisé comme catalyseur pour la fabrication de l'acétaldéhyde, en faisant le lien entre les chats et les populations les plus touchées, celles des familles de pêcheurs : pour les uns et les autres le poisson tient une part essentielle de l'alimentation. Après de nombreuses expériences sur des chats, il en acquiert la certitude absolue en 1959, mais ne dira rien jusqu'avant sa mort.

Loin de stopper la production, la firme Chisso, aidée par le gouvernement de l'époque, continuera cependant l'utilisation du mercure et son évacuation dans la baie jusqu'en 1966, date à laquelle la firme remplaça ce procédé par un autre, non pas pour des raisons sanitaires de santé publique, comme il serait évident de le penser, mais uniquement parce qu'il s'avérait moins coûteux.

Au total, ce sont environ 400 tonnes de mercure qui auront été rejetées dans la baie. Selon les sources, cette intoxication aurait fait de quelques dizaines à plusieurs milliers de victimes : morts, malades, enfants lésés de manière congénitale.

En 1969, Chisso est appelée au banc des accusés. Elle sera finalement condamnée par la Cour suprême 19 ans plus tard, en 1988.

En 1995, le gouvernement japonais fera des excuses publiques et, en 1996, les victimes et les familles de victimes recevront des compensations financières.

La fin

« *La terre entière, continuellement imbibée
de sang, n'est qu'un autel immense
où tout ce qui vit doit être immolé sans fin,
sans mesure, sans relâche, jusqu'à
la consommation des choses, jusqu'à
l'extinction du mal, jusqu'à la mort de la mort.* »
Joseph de Maistre

Espérance de vie

La durée de vie de notre planète est intimement liée à celle de notre étoile, le Soleil. Dans environ 5 milliards d'années, celui-ci, en raison de l'épuisement de son stock en hydrogène, va se transformer en géante rouge, provoquant une augmentation de la température sur Terre de plusieurs milliers de degrés centigrades, puis une désintégration de la planète entière.

Jour du jugement

« Or, le jour du Seigneur viendra comme un larron dans la nuit ; en ce temps-là les cieux passeront avec fracas, et les éléments embrasés seront dissous, et la terre, avec les œuvres qui sont en elles, sera entièrement brûlée. »
Nouveau Testament, IIe épître de Pierre

« Puis je vis le grand trône blanc, et celui qui y était assis. La terre et le ciel s'enfuirent de devant sa face, et il ne fut plus trouvé de place pour eux. »
Apocalypse, chapitre xx

Les 4 cavaliers de l'Apocalypse

Guerre – Famine – Pestilence – Mort

Index

100 % atmosphère	32
1re forme de vie sur terre	122
2 ou 4 hémisphères ?	59
À haute altitude, basse température	50
À l'échelle du cosmos	18
À la dérive	60
À la source	101
À une seconde près	83
Adaptation du vivant	132
Âge humain de la Terre	49
Agences françaises de l'environnement	177
Ailes chantantes et fémurs auditifs	137
Animaux les plus vieux	144
Arme nucléaire	163
Atmosphère primitive de la Terre	13
Au commencement, une grande nébuleuse...	12
Au vent mauvais	92
Autant en emportent les vents	64
Autour de la Terre	29
Baleine centenaire	136
Ballet tectonique	76
Biodiversité	126
Brise et autres tempêtes	42
Brrr...	88
Brume et brouillard	48
Caprices lunaires	26
Caractéristiques des planètes	35
Caractéristiques techniques	80
Carbone 14	134
Catastrophe de Minamata	148
Centigrade, Celsius ou Fahrenheit	52
Cercles polaires	81
Charte de l'environnement	174
Chiffres abracadabrantesques	46
Classification des lacs	59
Classification du vivant de Carl von Linné	152
Climats	48
Climats	51
Cocotte-minute	93

Continents de légende	90
Couches de terre	77
Coup de froid	87
Course du Soleil	30
Cryosphère	74
Dans le vent	67
De l'ère quaternaire à aujourd'hui	20
De l'orage dans l'air	78
De la Chine au Vatican	182
De la fameuse couche d'ozone	33
De la Terre au Soleil	25
De Monaco à la Mongolie...	182
De quoi perdre le nord	89
Décomposition	45
Défense végétale	129
Des pesticides dans notre assiette	157
Des poètes dans la lune	35
Diamétralement opposés	98
Domestiquer le blé, oui mais...	130
Droit de la mer	161
Du nord au sud	57
Du pôle à l'équateur	134
Du simple au complexe	68
Eau jeune	107
Eau propre	90
Ecce Homo	124
Éclipses	39
Effet de serre	71
Empreinte écologique	166
Enclaves du monde	165
Énergies renouvelables	160
Eppur si muove	157
Espèces disparues	139
Espèces	149
Espérance de vie	192
Esthétique terrestre	91
Étoile Polaire	38
Étoiles, stars de la nuit	34
Étrange miroir	132
Expressions	119
Forêts	125
Foutu guêpier !	138

Fumeurs noirs	135
Géants disparus	146
Géants vivants...	146
Genèse	13
Géographie de l'extrême	95
Gestation	145
Glaçons	87
Grain de sable	25
Grandes découvertes	163
Grandes surfaces	180
Gros débit	72
Guerre et paix	162
Humide au sud, plus sec au nord	67
Il n'y a plus de saisons	87
Îles grandes	85
Îles...	164
Immensités désertiques	84
Immensités lacustres	84
Immigrés	128
Indice de développement humain	158
Interaction biotique	127
Jour du jugement	192
Journée mondiale de la Terre	174
Journées mondiales	173
L'âge de glace	70
L'algue tueuse	123
L'Antarctique sous protection	178
La cour du roi Soleil	31
La Terre dans tous ses états	119
La Terre de Diderot et d'Alembert	110
La Terre de Voltaire	108
La Terre en définition	104
La terre met sa belle robe...	118
La vie en tube	122
Laisse de pleine mer	104
Latitude et parallèles, longitude et méridiens	56
Le monde d'Aristote	105
Le plus gros animal vivant	127
Le rouge et le vert	129
Le sexe, précurseur des OGM	124
Le vivant en péril	138
Les 3 grands mystères des origines	12

Index

Les 3 principaux gaz à « effet de serre »	70
Les 4 assassins du corail	128
Les 4 cavaliers de l'Apocalypse	193
Les 4 couches sous-marines	59
Les 4 éléments indispensables à la vie	132
Les 4 forces du monde	27
Les 4 origines possibles de la vie	122
Les 4 saisons	65
Les 4 types de raz de marée	51
Les 5 pierres vivantes	139
Les 6 continents	62
Les 7 couleurs de l'arc-en-ciel	63
Les 7 merveilles de la nature	81
Les 7 merveilles du monde	156
Les 11 branches de la zoologie	148
Les 15 étoiles les plus brillantes à l'œil nu	40
Les 25 neiges inuits	94
Les 25 neiges inuits	114
Les âges de la Terre	22
Les belles mers	99
Les différentes formes de vie sur terre	131
Les envahisseurs	136
Les mondes oubliés	158
Les plus grosses météorites trouvées	91
Les racines de la Terre	115
Les séismes selon Mercalli et Richter	54
Les tornades de Fujita	44
Les voyages extraordinaires de Jules Verne	116
Lilliputie	181
Liste rouge des espèces menacées	140
Long fleuve tranquille	72
Longévité	143
Magnification	113
Marée et marnage	64
Marées noires	170
Matière extraterrestre, la grande menace	36
Mer ou océan ?	99
Méridien 180°	93
Méridien d'origine	82
Monde mythique dogon	16
Montage des montagnes	63
Mythe des 4 soleils	17

Index

Mythologie grecque	15
Nature en folie	147
Nébulosité	28
Ni plate ni ronde	58
Niveau zéro, altitude zéro	67
Objets flottants identifiés	94
OGM	161
OK corail	133
On a marché sur la Terre	162
Papillons	135
Paradoxe temporel	16
Parcs nationaux français	179
Parfaite nature et nombre d'or	97
Paroles de sagesse	120
Pas de précipitation	61
Pascal ou la pression atmosphérique	28
Patrimoine mondial en péril	168
Pays disparus	172
Pays et capitales	185
Perte de temps	79
Pétrole, matière vivante « recyclée »	78
Photosynthèse	162
Pierraille de corail	144
Planctons	153
Planète « bleue »	30
Point de rosée	49
Pôles positions	50
Poubelle spatiale	183
Premières ascensions	183
Premiers pas	14
Principaux embranchements et classes du règne animal	150
Prochaines éclipses totales	38
Prolifération humaine	161
Protocole de Kyoto	171
Quelques antonymes	106
Rara avis in terris	141
Rare, froid et obscur	24
Records de température	73
Règnes du vivant	153
Renouvellement de l'eau	70
Répartition de l'eau sur terre	68
Rien ne se perd, tout se transforme	124

Index

Rive droite, rive gauche	92
Rôles des forêts	125
Rose des vents	100
Salinité	69
Seul au monde	62
Si la Terre avait 100 ans...	66
Silice	61
Sommets	86
Stalactite ou stalagmite ?	107
Strates de végétation	126
Synonymes	115
Taille arborée	128
Tant d'eau et si peu à boire !	69
Tectonique des plaques	74
Ténèbres marines	71
Terres de la Terre	98
TGV (Terre à Grande Vitesse)	45
Théorie de Gaïa	60
Tropiques	47
Ubi solitudinem faciunt, pacem appelant	160
Un petit mot pour de grands maux	181
Un poisson qui ne manque pas d'air	142
Une chenille au secours du tabac	137
Unités de temps et d'espace	71
Vers l'infini et au-delà	27
Village global	184
Vitesse de libération	37
Vitesse lumière, vitesse relative	24
Voyage au centre de la Terre	77

Remerciements

Merci

À Lina Pinto, qui n'y est pour rien, mais sans qui on n'en serait pas là ;

À tous les auteurs des nombreux ouvrages et des non moins nombreux sites Internet consultés, qui ont fait la plus grande partie du travail pour moi ;

À Véronique Galland, Myrtille Chareyre, Pierre Valentin et bien sûr Laure Paoli, qui ont trimé si dur, enfin je pense, pour notre bon plaisir ;

À Hélène Teillon, qui me rend meilleur chaque fois ;

À Bernard Werber et Ben Schott, qui m'ont inspiré ;

À vous, charmante lectrice, qui dans un élan d'humanisme béat, conseillerez à votre entourage ignorant, l'achat, fort peu onéreux au demeurant, de ce petit bijou littéraire, dédié à la diffusion à travers le monde de la connaissance et du respect d'icelui;

À la terre entière, qui fait tout le reste.

Ouvrage publié sous la direction de Laure Paoli

Suivi éditorial : Myrtille Chareyre, Véronique Galland
Conception graphique, illustrations et mise en pages :
Stéphanie Le Bihan

Impression et reliure : Pollina, mars 2009

Éditions Albin Michel
22, rue Huyghens, 75014 Paris
www.albin-michel.fr

ISBN : 978-2-226-19002-4
N d'édition : 25760 – N d'impression : L49816
Dépôt légal : avril 2009
Imprimé en France.